# 中国增程式电动汽车产业发展报告

**组　编**　中国汽车工业协会

**主　编**　叶盛基

**副主编**　庞天舒　邹　朋

**参　编**　欧鹏飞　李红艳　李雅静　金　研　韩　昭

　　　　　贾沐尧　谢俊超　姬应江　范　鹏　王一戎

　　　　　尹海鹏　李　尧　姜华强　杨希志　张紫广

　　　　　赵兴天　张晓龙　杨时振　郝世杨　金永镇

　　　　　刘军克　王海滨　夏立全　杨　阳　杨　宏

　　　　　窦　刚　黄　艇　何明晓　李　康　毕　帅

　　　　　王　楠　仝宗旗　吴胜男　贾贝贝　杨　扩

U0359727

机械工业出版社

《中国增程式电动汽车产业发展报告》由总报告和子报告两部分组成，子报告是总报告的支撑。本书基于中国汽车工业协会联合有关单位组织的专题调研和课题研究成果，综合介绍了国内外增程式电动汽车产业的发展情况，深度分析了产品和技术现状及未来发展趋势，多维度剖析了中国增程式电动汽车发展存在的问题和挑战，科学评估了增程式电动汽车节能水平和碳减排的效能，阐述了我国发展增程式电动汽车的战略意义和作用，提出了推动中国增程式电动汽车产业快速发展的政策和措施建议。

本书对新能源汽车及其上下游供应链相关企业、政府各级管理部门、行业服务机构、科研院所及高等院校等单位具有参考价值，也可供汽车行业相关人员阅读学习。

**图书在版编目（CIP）数据**

中国增程式电动汽车产业发展报告／中国汽车工业协会组编；叶盛基主编. —北京：机械工业出版社，2022.11

ISBN 978 - 7 - 111 - 71806 - 2

Ⅰ.①中… Ⅱ.①中… ②叶… Ⅲ.①电动汽车–产业发展–研究报告–中国 Ⅳ.①F426.471

中国版本图书馆 CIP 数据核字（2022）第 189543 号

机械工业出版社（北京市百万庄大街22号 邮政编码100037）
策划编辑：母云红　　　　　责任编辑：母云红　孟　阳
责任校对：肖　琳　李　婷　责任印制：单爱军
北京虎彩文化传播有限公司印刷
2023 年 1 月第 1 版第 1 次印刷
169mm×239mm · 11.75 印张 · 188 千字
标准书号：ISBN 978 - 7 - 111 - 71806 - 2
定价：129.00 元

电话服务　　　　　　　　　网络服务
客服电话：010 - 88361066　　机　工　官　网：www.cmpbook.com
　　　　　010 - 88379833　　机　工　官　博：weibo.com/cmp1952
　　　　　010 - 68326294　　金　书　网：www.golden-book.com
**封底无防伪标均为盗版**　　机工教育服务网：www.cmpedu.com

# 编 委 会

**主　任：** 付炳锋

**副主任：** 叶盛基　王　耀　马东辉　陆幸泽　范现军

**委　员：** 廉玉波　王震坡　原诚寅　陈　涛　许　林　上官云飞
　　　　　陆惟一　许　楠　管城熠　周　林　陈　涛　张　骁
　　　　　邓　湘　腾　红　华春雷

**组长单位：**

中国汽车工业协会

**执行组长单位：**

北京车和家信息技术有限公司

**执行副组长单位：**

宝能汽车科技有限公司

浙江吉利新能源商用车集团有限公司

**成员单位：**

比亚迪股份有限公司

岚图汽车科技有限公司

重庆金康新能源汽车有限公司

哈尔滨东安汽车动力股份有限公司

中国汽车工程研究院股份有限公司

北京理工大学电动车辆国家工程研究中心

北京交通发展研究院

吉林大学汽车工程学院

国家新能源汽车技术创新中心

中国汽车动力电池产业创新联盟

中国电动汽车充电基础设施促进联盟

国际铜业协会

（上述单位排名不分先后）

当前，大力发展新能源汽车产业在全球已形成共识，并正由政策驱动逐步转向市场驱动。全球新能源汽车销量自 2013 年始，基本处于稳步上升态势，2021 年，全球新能源汽车销量合计 689 万辆，较 2020 年全年同比增长 110%，增长速度也在大幅上升。2021 年，我国新能源汽车销量达到 352.1 万辆，同比增长 157.5%，占当年全球新能源汽车销量的比例为 51%，连续 7 年销量位居全球第一。截至 2021 年年底，我国新能源汽车销量累计超过 900 万辆，新能源汽车保有量达 784 万辆。

全球新能源汽车已处于爆发式发展阶段，但仍然存在一些问题和挑战，包括充电基础设施相对滞后、补能体验较差等。增程式电动汽车作为汽车产业电动化过程中的重要产品，可以较好地平衡纯电驱动和补能体验，有效应对和丰富出行场景，减少消费者在使用过程中的里程焦虑和充电焦虑。

在政策和市场需求的推动下，我国增程式电动汽车呈现良好发展态势，新产品不断推出，销量迅速增长，2021 年我国增程式电动汽车销量为 10.48 万辆，同比增长超 2 倍，在新能源汽车市场的渗透率为 3.35%。增程式电动汽车技术路线优势愈加凸显，越来越多的国内企业开始布局增程式产品，2022 年，增程式电动汽车的销量有望进一步提升。随着增程技术研发投入的加大，增程式电动汽车不断迭代优化，产品逐渐丰富。其产品技术呈现出发动机专用化、小型化，增程器燃料清洁化和动力电池容量逐步升级趋势。增程式电动汽车通过搭载更大容量的动力电池，进一步提高了纯电动运行里程占比，其纯电动续驶里程未来普遍将超过 200km，大大优化了消费者新能源汽车的使用体验，未来，增程式电动汽车产品的市场认可度将进一步提高。预计 2025 年，增程式电动汽车年销量将突破 50 万辆，保有量有望突破 150 万辆；2020—2025 年年复合增长率将超过 60%。

本报告对增程式电动汽车产品能效进行了评估，并将其分别与传统燃油汽车、纯电动汽车做对比。分析表明，增程式电动汽车碳排放量远低于传统燃油汽车，并具有更优的燃油经济性，节能减排效果更显著；增程式电动汽车碳排放量略高于纯电动汽车，碳减排效果与之相近。因此，增程式电动汽车的综合能效高于传统燃油汽车和纯电动汽车，其低碳排放的优势可有效缓解社会环境污染的压力；高燃油经济性、大容量电池的使用可增加续驶里程，改善目前纯电动汽车用户里程焦虑问题，降低用户出行成本。

本报告对进一步推动增程式电动车产业发展具有积极作用。

本报告由中国汽车工业协会联合北京车和家信息技术有限公司、宝能汽车科技有限公司、浙江吉利新能源商用车集团有限公司，共同组织比亚迪股份有限公司、岚图汽车科技有限公司、重庆金康新能源汽车有限公司、哈尔滨东安汽车动力股份有限公司、中国汽车工程研究院股份有限公司、北京理工大学、北京交通发展研究院、吉林大学、国家新能源汽车创新中心等行业企业、服务机构和高等院校共十余家相关单位研究编撰；数十位专家和学者参与了报告的编写和审定工作，为本报告的出版贡献了智慧。在此，对所有参与单位和人员致以衷心的感谢！

特别感谢北京车和家信息技术有限公司、宝能汽车科技有限公司、浙江吉利新能源商用车集团有限公司、哈尔滨东安汽车动力股份有限公司、重庆金康新能源汽车有限公司等单位对本报告研究、编撰、出版工作给予的大力支持！

由于水平有限，书中难免有疏漏和错误之处，望读者海涵并不吝指正。

中国汽车工业协会

前言

## 总报告

## 子报告

中国增程式
电动汽车产业
发展报告

总报告

General Report

## 一、增程式电动汽车产业市场现状、产品趋势及发展前景

### （一）市场现状

新能源汽车的发展大势已在全球形成共识，并正由政策驱动转向市场驱动。2021 年，全球新能源汽车销量合计 689 万辆，同比<sup>⊖</sup>增长 110%；我国新能源汽车销量 352.1 万辆，同比增长 157.5%，占全球新能源汽车市场的比例为 51%，并连续 7 年销量位居全球第一。

2021 年，我国纯电动汽车（Battery Electric Vehicle，BEV）和插电式混合动力汽车（Plug-in Hybrid Electric Vehicle，PHEV）销量分别为 291.6 万辆和 60.3 万辆，占新能源汽车总销量的比例分别为 83% 和 17%。其中，增程式电动汽车（Range Extended Electric Vehicle，REEV）销量为 10.48 万辆，伴随着新能源汽车的发展和增程式技术路线的优势逐渐显现，越来越多的国内企业开始布局增程式产品，2022 年增程式电动汽车的销量有望进一步提升。现阶段新能源汽车依然面临充电基础设施建设相对滞后、补能体验较差等问题，增程式电动汽车在纯电驱动和补能体验方面做到了平衡，能够有效应对丰富的出行场景。随着增程式技术的研发投入不断加大，增程式电动汽车产品力不断迭代优化，未来其市场认可度还会进一步提高，2025 年增程式电动汽车销量有望突破 50 万辆，2020—2025 年年复合增长率达到 60% 以上，2025 年增程式电动汽车保有量有望突破 150 万辆。

### （二）产品趋势

增程式电动汽车产品逐渐丰富，产品技术呈现出发动机专用化、小型化，增程器燃料清洁化和动力电池容量不断提高等趋势。

增程式电动汽车的发动机（增程器）无须像传统发动机一样针对不同工

---

⊖ 如无特殊说明，本书"同比"均指与上一个统计期相比较。

2

况负载进行功率调整，只用来带动发电机发电，具备小型化的技术潜力。发动机小型化可降低车辆自重，同时可长时间工作在高效工况下，提高能耗效率，促进节能减排。

目前，增程式电动汽车增程器以内燃机加发电机为主，仍需要消耗燃油，未来增程器应向清洁能源转型，如绿色甲醇内燃机、氢内燃机、燃料电池等，进一步降低排放水平，最终实现零排放。

基于增程系统的轻量化和结构优势，增程式电动汽车有条件搭载更大容量的动力电池，进一步提高纯电运行里程占比，减少燃油消耗工作模式下的运行里程，增程式电动汽车纯电动续驶里程未来普遍将超过200km。

### （三）发展前景

#### 1. 产品节能减碳，符合国家政策导向

发展新能源汽车是我国的国家战略，是汽车行业实现碳达峰、碳中和（双碳）目标的重要路径和措施之一。增程式电动汽车是新能源汽车的组成部分，符合国家政策支持发展要求。

2018年，国家发展和改革委员会发布的《汽车产业投资管理规定》将增程式电动汽车划归为纯电动汽车范畴，扶持和鼓励增程式电动汽车发展。

2020年10月，国务院办公厅发布《新能源汽车产业发展规划（2021—2035年)》，将增程式电动汽车列入"三纵"研发布局，增程式电动汽车是国家鼓励发展的技术路线之一。

2021年9月，国务院发布《关于完整准确全面贯彻新发展理念做好碳达峰碳中和工作的意见》和《2030年前碳达峰行动方案》，明确指出"到2030年，当年新增新能源、清洁能源动力的交通工具比例达到40%左右"的目标要求。增程式电动汽车有望成为替代传统燃料汽车的主力产品，在双碳战略中发挥更为重要的作用。

#### 2. 产品优势得到发挥，产品布局持续完善

随着理想ONE、岚图FREE、金康赛力斯SF5、AITO问界M5、天际ME5等增程式电动汽车陆续上市，增程式电动汽车产品不断丰富，产品优势凸显，销量持续上升。以理想ONE为代表，2021年该车型累计销售90491辆，同比

增长 177.38%，产品认可度逐年上涨，具备以下特点。

1）全时纯电驱动。其驾乘体验同纯电动汽车一样，驱动系统的电气化升级带来低转速高转矩、响应迅捷的卓越动力性，以及出色的 NVH（Noise、Vibration、Harshness 的英文首字母缩写，意为噪声、振动与声振粗糙度）静谧性。

2）具备较长的纯电续驶里程，可完全满足日常通勤纯电行驶需求，用车成本低，兼顾高质量的用车体检及环境友好。

3）相较于纯电动汽车，减少对充电基础设施的依赖，补能方式多元，综合续驶里程高，没有充电焦虑、里程焦虑。

4）增程器产生的电能可直接用于驱动电机，低温动力电池电量衰减的影响不大，一定程度上缓解了寒冷地区用户关心的低温环境下电量衰减问题。

5）动力电池的装载容量需求低于纯电动汽车，电芯供应风险低，整车成本更加可控。

### 3. 产品将日趋成熟，市场认可度不断提高

我国增程式电动汽车技术发展已经成熟，产品质量稳步提升。增程式电动汽车与纯电动及普通混合动力电动汽车（Hybrid Electric Vehicle，HEV）相比，具有综合续驶里程较长、动力电池安全性高和动力输出平稳等优势，可以实现快充、慢充、加油三种能源补给形式，有效缓解了消费者的新能源汽车购买顾虑，市场终端销量快速提升，反映出消费者对增程式电动汽车的接受度不断提高。

## 二、增程式电动汽车产品技术特征及技术趋势

### （一）技术特征

#### 1. 系统架构和工作模式

增程式电动汽车动力系统的典型、常见结构是串联式，主要由发动机与发电机耦合组成的增程系统、动力电池、驱动电机、电压变换器和传动系统组成。

串联增程式电动汽车运行的主要能量是电能，主要运行模式为纯电动行驶模式、增程模式以及油电混合、再生制动模式。在纯电动行驶模式时，增程器不工作，由动力电池提供驱动电机的全部动力。当动力电池电量不足时，

进入增程模式,发动机根据已制定的控制策略,驱动发电机发电,产生的电能一部分用于满足车辆行驶所需能量,剩余电能为动力电池充电。

串并联式增程式电动汽车的发电机与发动机固联在一起,发动机带动发电机发电,从而驱动电机进而驱动车辆行驶,并可向动力电池组充电。串并联式增程式电动汽车分为四种运行模式:纯电动运行模式、串联运行模式、并联运行模式以及再生制动模式。

功率分流式增程式电动汽车的两个电机通过行星齿轮机构驱动车辆。这种结构包含三个离合器,通过控制这些离合器使发电机处于不同的工作状态,从而决定动力系统工作模式。功率分流式增程式电动汽车的驱动运行模式具有纯电动模式和增程模式,在每种模式下又分为低速和高速行驶模式。

### 2. 控制策略和系统参数匹配

#### (1) 控制策略

增程式电动汽车运行模式包括两个阶段,分别为电量消耗(Charge Depleting, CD)阶段和电量维持(Charge Sustaining, CS)阶段。根据 CD 阶段发动机是否参与工作,增程式电动汽车的控制策略可分为 AER 控制策略和 Blended 控制策略。

1)AER 控制策略分为恒温控制、多点控制和功率跟随控制策略。

恒温控制策略以动力电池的荷电状态(State-of-Charge, SOC)限值作为信号,控制发动机的起动和关闭。这种控制策略的优点是发动机可长时间工作在高效工况,具有较好的经济性和排放性;缺点是会导致动力电池频繁充放电,对动力电池的使用寿命不利。

多点控制策略是根据车辆循环工况及驾驶人驾驶意图,在发动机最优工作区选取不同工作点,待发动机起动后,以不同功率输出。这种控制策略是对恒温控制策略的改进,优点是减少了动力电池充放电的次数,并且能够避免动力电池过度放电。这种控制策略在工程中易于实现,因此应用较广泛。

功率跟随控制策略中,发动机的工作状态是沿着固定曲线变化的,这条曲线一般为最佳燃油经济性对应的发动机功率曲线,即发动机输出功率是连续变化的。当动力电池 SOC 低于最小门限时,发动机沿最佳燃油消耗曲线工作,能量转换效率高。

2)Blended 控制策略在 CD 阶段可同时利用动力电池及增程器功率进行驱

动，车辆进入行驶状态后，动力电池提供了车辆行驶的功率。当整车需要功率加大而动力电池发电功率不能满足时，发动机起动为整车提供额外功率。该策略的不足是发动机在助力工作时不能工作在高效区，但此时发动机输出的功率较小，因此整车燃油消耗仍较低。

（2）增程系统参数匹配

增程式电动汽车设计时，需根据整车动力总成的结构特点以及整车设计的指标（动力性、经济性、纯电续驶里程、增程模式下续驶里程等）对增程系统参数实施合理匹配。其中，增程单元的匹配参数主要包括发动机和发电机的额定输出功率及高效工作区间等，这些参数进而确定了车辆的续驶里程与燃油经济性。

## （二）技术趋势

### 1. 内燃机小型化趋势

汽车动力系统从内燃机过渡到纯电驱动是一个转型的过程，汽车的节能减排和电气化相当程度依赖内燃机。伴随内燃机技术的不断进步，小排量发动机越来越受欢迎。更小的、功率密度更大的发动机能够明显降低 $CO_2$ 的排放，还可以减少摩擦损失，从而提升整车燃油经济性。增程器专用内燃机最主要的特点是热效率高、结构紧凑、成本低，增程器恰好可选用小排量内燃机，这种特性让它更加符合节能减排的目标。当前比较常用的内燃机小型化技术路线有内燃机涡轮增压技术、汽油机缸内直喷技术、涡轮增压器进气冷却技术、涡轮增压器润滑与冷却技术、涡轮增压器材料技术等，涡轮增压器的新材料研发已经成为重点，性能更好的新材料将为涡轮增压器的应用带来更大的机遇。

### 2. 增程能源模式清洁化

目前，增程器的主流能源为燃油和燃气，在双碳背景下，具有潜力的清洁能源，如甲醇、甲烷、生物燃油、氨气、氢气等，成为未来开发重点。甲醇燃料是一种绿色、低碳、清洁能源，作为汽车发动机燃料的主要优点是混合气燃烧范围比汽油大，气缸内积炭少，排气较干净；甲烷广泛存在于沼气、煤矿坑井气之中，是优质气体燃料；氨气完全反应只产生水和氮气，不产生

污染物和温室气体 $CO_2$，不仅可以应用在燃料电池上，还可以做燃料。氢能作为推动由传统化石能源向绿色能源转变的清洁能源，其能量密度（140MJ/kg）是石油的 3 倍、煤炭的 4.5 倍；氢能利用方式很多，其中以氢燃料电池和氢内燃机最受关注。

## 三、增程式电动汽车能效评估

### （一）节能水平评估

1）增程式电动汽车有电能和燃油两种能源补充方式，当电能耗尽时，增程器发电驱动车辆行驶。增程器内燃机不直接参与驱动，始终处于高效区间，工作状况较传统燃油汽车内燃机大为改善，污染物排放性能大为改善。同时，增程式电动汽车在夜间充电可改善电网负荷，减少电能浪费，从而减少电能生产端的排放。

2）增程式电动汽车同时使用了电能和燃油，在对其进行节能水平评估时要分别对电能和燃油消耗进行考量。基于增程式电动汽车用户实时上传的行车数据，我们随机抽取数万辆增程式电动汽车，并按照纯电驱动和燃油驱动两种方式统计了它们一年内（2021 年 1 月 1 日—2021 年 12 月 31 日）的出行大数据，计算出其全年累计能耗情况，利用抽样用户出行数据，计算得出用户的纯电动百公里能耗为 21.88kW·h，综合百公里油耗为 4.02L。

### （二）减排效果评估

1）以增程式电动汽车全生命周期评价及其造成的环境影响分析为主要目标，从增程式电动汽车生产制造、运营使用、报废回收全生命周期的角度分析其产生的碳排放和常规污染物排放。通过使用排放系数法对各个阶段的排放进行累加计算，可得到增程式电动汽车的全生命周期碳排放，其中运行使用阶段的碳排量值占比最大（79.55%），其次为原材料获取（29.02%）、制造装配（10.35%）。报废回收对金属材料和动力电池进行了二次利用，碳排放值占比为 -18.92%，对环境影响产生正效益。

2）以汽车全生命周期行驶 15 万 km 计算，在全生命周期内，增程式电动汽车碳排放量为 250.22g/km，传统燃油汽车的碳排放量为 360.91g/km，前者比后者减少了 30.67% 的碳排放量；纯电动汽车的碳排放量为 214.34g/km，相比增程式电动汽车减少了 14.34%。

3）增程式电动汽车相较于传统燃油汽车，从节能角度出发，在相同保有量的情况下，平均减少 $0.6058 \times 10^6$ L/km 的燃油消耗，大大降低了出行成本，也减少了环境污染问题；同时，相较于传统燃油汽车，增程式电动汽车的内燃机不直接驱动车轮，因此一直能处于良好的工作状态，磨损较小。从减排角度出发，增程式电动汽车相较于传统燃油汽车，在整个生命周期内，碳排放量减少了 $2.519 \times 10^4$ kg/km，更适合环境友好型发展理念，能够更好地解决温室效应等一系列环境污染问题。

4）在相同保有量前提下，增程式电动汽车车队碳排放量为 $3.973 \times 10^4$ kg/km，纯电动汽车车队碳排放量为 $3.943 \times 10^4$ kg/km，纯电动汽车在现有车队情况下比增程式电动汽车的碳排放量少 $0.03 \times 10^4$ kg/km。增程式电动汽车相较于传统燃油汽车节能减排的效果显著，具有良好的燃油经济性，降低了出行成本；其减排效果接近纯电动汽车，减小了对环境的污染，同时增加了续驶里程，也有效缓解了用户的里程焦虑。

## 四、增程式电动汽车发展问题和挑战

### （一）政策支持不够明确

1）增程式电动汽车的纯电驱动属性不突出，国家发展和改革委员会、工业和信息化部等国家主管部门对增程式电动汽车的定位并不完全一致，管理政策并未突出产品的纯电驱动属性。

2）增程式电动汽车支持政策与纯电动汽车差异明显，如消费税方面，增程式电动汽车仍然按照排量征收；地方支持政策方面，部分地区增程式电动汽车享受不到新能源汽车的差异化城市管理政策。

### （二）市场认知尚有偏差

1）消费者甚至行业企业对增程式技术缺乏正确认知，部分消费者认为增程式电动汽车是燃油车。

2）行业部分企业认为增程式电动汽车是燃油汽车向纯电动汽车过渡的车

型，因此企业在研发上对增程式电动汽车投入少，更多的投入纯电动汽车。

### （三）技术痛点亟须解决

1）增程式技术需要全新的平台开发，传统的燃油汽车平台无法合理兼容发动机、驱动电机、动力电池以及增程式发电机的布局，技术难点有待攻克。

2）多数增程式系统是动力电池组电量耗尽时才开始充电，内燃机多通过提高转速来加大发电量，整体的动力稳定性也会受到影响。

3）增程式电动汽车热管理系统要处理动力电池、驱动电机以及增程模块的散热问题，涉及的部件多，如何提升能量利用率成为难点。

4）增程式电动汽车从电控系统技术架构到整车的难度系数高，当前增程动力系统对专用内燃机的热效率要求较高，物理集成、控制系统开发存在一定的难度。

### （四）增程系统方案供应商有待成熟

增程式系统技术的关键点在于软件和系统的构建，车型与车型不同，平台与平台不同，做出一套能够兼容多个车企的解决方案有一定难度。在变化节奏飞快的技术市场环境下，包括供应商在内，增程式系统需要不断创新攻关和改进并逐步成熟，以适应市场发展需求。

基于增程式电动汽车的技术特点和发展过程中存在的问题与挑战，特提出以下几点建议。

#### 1. 政府层面

1）进一步明确增程式电动汽车的纯电驱动属性。基于发挥市场在资源配置中的决定作用，组织科学系统的评估论证，消除市场误解，强化其纯电驱动属性认知，在政策中推进增程式电动汽车享受与纯电动汽车同样的权益，支持扩大推广增程式电动汽车。

2）明确新能源汽车绿牌定义，协调各地方政府出台绿牌政策，确保增程式电动汽车享受优惠待遇，支持增程式技术，扩大新能源汽车推广规模，提高新能源汽车渗透率。

3）继续给予增程式电动汽车购置税优惠。新能源汽车市场化培育和发展有一个积累的过程，受动力电池原材料价格上涨、供应链和产品成本居高不下等影响，新能源汽车可持续发展面临严峻考验，建议新能源汽车购置税优惠政策至少延续到 2025 年。

4）立足新能源汽车发展，汽车消费税调整势在必行。通过合理减税，促进和扩大新能源汽车消费；开展新能源汽车税费研究，将驱动形式、能耗水平、全生命周期碳排放等，作为新能源汽车消费税调整的重要考虑因素。

### 2. 行业层面

1）以全生命周期碳排放为导向推进汽车绿色发展，提出汽车行业实施碳达峰的行动方案，对纯电动、增程式、插电式混合动力、油电混合动力、燃油等不同类型整车的全生命周期碳排放量进行测算，研究制定汽车行业提前碳达峰路线图。

2）支持增程式技术路线发展，实现多元化的新能源汽车发展格局。充分认识增程式电动汽车"可油可电"的优势，促进新能源多元化技术路线发展，鼓励发展增程式电动汽车，使其成为汽车行业实现双碳目标的重要路径。

3）当前，全球范围内面临着锂离子动力电池原材料的严重短缺，价格高企，供应不稳定。增程式电动汽车相较纯电动汽车，对动力电池的需求量相对较低，在新能源发展进程中保留一定的技术调节空间，以推动产业链安全、稳定与创新发展。

4）增程式电动汽车具有成本低、不依赖充电桩、无里程焦虑等优点，符合我国现阶段新能源汽车技术路线，但目前市场推广不足，消费者认可度和接受度还有待提升，行业及企业应加强社会宣传，向消费者普及增程式电动汽车产品特征，引导社会形成对增程式电动汽车的正面认知。

### 3. 企业层面

1）整车企业进一步强化增程式技术路线的战略定位，积极开发增程式电动汽车产品，丰富消费者选择，促进市场销量增长。

2）加强增程式电动汽车产品技术创新，着力突破增程高效内燃机、高效发电机及高集成控制系统等关键技术，向市场提供能持续升级的性能优越、油耗低、排放性好的增程式电动汽车产品。

3）积极打造增程式电动汽车的国际影响力。增程式电动汽车有望成为具有中国特色的新能源汽车重要突破口之一，通过产品品牌不断向上，助力中国品牌汽车国际化发展。

中国增程式
电动汽车产业
发展报告

子报告
02

Subreport

## 子报告一

# 国内外增程式电动汽车发展综述

## 一、增程式电动汽车产品定义

增程式电动汽车是一种配备车载辅助发电系统（又称增程器）的电动汽车，由发动机＋发电机＋控制器组成，发动机与车辆驱动系统没有传动轴（带）等传动连接。车辆驱动能量完全并始终是电能，当车载可充电储能系统无法满足车辆续驶要求时，增程器为车辆动力系统提供电能，延长续驶里程。

增程式电动汽车的工作模式可以分为纯电模式和增程模式两种，无论哪一种模式，车轮驱动力均由电机独立提供，发动机不直接参与动力驱动，仅为车辆提供电能。

### （一）纯电模式

在动力电池电量充足的情况下，增程器处于休眠状态，此时的工作原理和纯电动汽车一样，起步便全转矩输出，行驶安静无噪声。

### （二）增程模式

当动力电池电量下降至设定值时，发动机通过车载计算机（电脑）自动起动，车辆进入增程模式。增程系统的工作模式可分为串联、并联（需要注意的是，此处所指的串/并联仅针对增程系统，不同于 QC/T 827—2010《通信车》定义的串/并联混合动力结构）。其中，串联增程式电动汽车，可类比为串联式混合动力系统的工作模式：发动机（增程器）→发电机→动力电池→电机→车轮。并联式增程电动汽车的工作模式：发动机（增程器）→发电机→电机→车轮，在满足驱动需要后，电能如有剩余，则补充进动力电池。满电状态纯电动行驶时仅有"动力电池→电动机→车轮"。增程式电动汽车及插电式混合动力汽车基本结构如图2-1-1所示，串联增程式电动汽车基本结构如图2-1-2所示，并联增程式电动汽车基本结构如图2-1-3所示。

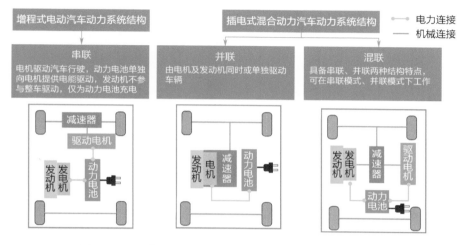

图2-1-1　增程式电动汽车及插电式混合动力汽车基本结构

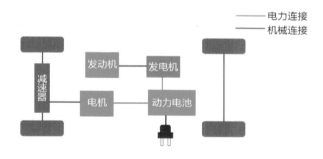

图2-1-2　串联增程式电动汽车基本结构

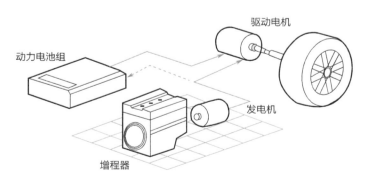

图2-1-3　并联增程式电动汽车基本结构

## （三） REEV 与 PHEV 的区别

增程式电动汽车（REEV）与普通插电式混合动力汽车（PHEV）有显著区别，增程式电动汽车配备的发动机只用于辅助发电，不直接驱动车轮，其系统结构形式一般为串联式混合动力；而普通插电式混合动力汽车以发动机驱动为主，电机及动力电池仅作为辅助驱动系统。

综上，增程式电动汽车是一种具备较长纯电续驶里程的电动汽车，兼有混合动力汽车和纯电动汽车的特征。

## 二、国外增程式电动汽车发展情况

### （一） 发展历程

目前，国外在混合动力汽车参数匹配技术方面主要有两个节能机理和途径：

一是研发和使用小型发动机，提高发动机的负荷率，进而提高整车能源利用率。

二是对电能和发动机热能两种能源进行合理的耦合匹配。对增程式电动汽车在车型方面的开发进程比较快的有美国通用、日本丰田、日本本田等。

2007 年，美国通用公司推出其第一款增程式电动汽车沃蓝达（Volt）。从样车关键参数来看，该车动力电池容量为 16kW·h，纯电动续驶里程为 64km，样车所搭载的 1.0L 发动机可以将总续驶里程增加到 490km。

通过借鉴沃蓝达类似的结构，美国的 VIA Motors 公司设计了一款增程式电动皮卡。这也证明，增程式电动汽车技术不仅可以用于乘用车，在其他车型上使用也可以获得较好效果。

2010 年，德国奥迪公司推出了 A1 e-tron 增程式电动汽车。该车纯电动续驶里程为 50km，搭载一款小排量发动机，切换到增程模式时，总续驶里程可以再增加 200km，达到 250km。

2011 年，奔驰推出一款名为 B-Class E-Cell 的增程式电动汽车，纯电动续驶里程为 100km，综合续驶里程可达 600km。

日产汽车自 2007 年开始研发 e-POWER 增程驱动技术。2016 年推出首款搭载这项技术的 NOTE e-POWER 车型。e-POWER 车型采用小排量发动机、小容量动力电池的组合，不支持外接充电，但其节油效果惊人，市区工况油耗可低至 3.9L/100km。

## （二）发展现状

### 1. 全球及各地区综合情况

2017 年，全球增程式电动汽车销量为 247285 辆，2020 年达到 258105 辆。2021 年，全球增程式电动汽车市场规模为 9.1746 亿美元，根据调研机构 Precedence Research 的数据，到 2030 年，全球增程式电动汽车市场规模将达到 18.765 亿美元左右，2022—2030 年，年复合增长率为 8.3%。

（1）亚太地区

中国、日本、印度是增程式电动汽车的主要市场。中国和印度作为全球电动汽车主要出口商，全球重要的汽车制造商均在这两个国家设有生产基地。城市化进程和智慧城市建设将推动电动汽车的增长，加速亚太地区增程式电动汽车市场的发展。

（2）北美地区

美国主导了增程式电动汽车市场。技术进步、动力电池需求激增、电动汽车日益普及等因素正在推动该地区增程式电动汽车市场的增长。此外，政府对电动汽车市场发展的积极政策也增加了北美地区对增程式电动汽车的需求。

（3）俄罗斯及南美地区增长潜力巨大

这些地区地域广大，地形及气候条件复杂，自然资源储备普遍丰富，而汽车工业相对落后，新能源汽车发展缓慢。随着全球应对气候变化、构建人类命运共同体的推进，这些地区的新能源汽车需求会逐渐释放，增程式电动汽车将大有可为。

### 2. 乘用车与商用车

2021 年，在增程式电动汽车领域，乘用车占全球市场需求的 85%，预计乘用车将成为市场中增长最快的部分。中国、美国和德国等国家的政府正在为购买低/零排放增程式电动汽车提供退税和其他奖励。宝马、沃尔沃、日产和通用等汽车企业正在寻求将增程器技术纳入其新车型中。

在美国、加拿大和英国等发达国家，增程式电动商用车推广应用规模不断增加。具备高综合续驶里程的电动商用车可以帮助用户降低使用成本，同时尽量减少在仓库部署昂贵的充电基础设施。例如，英国 Tevva 汽车公司提供的增程式电动货车从 7.5t 到 14t 不等，装备有车载发电机，同时具有较长的纯电动续驶里程。零排放动力电池增程器技术得到了一些国家政府的认可与支持，增程式电动客车也在鼓励范围内。

### 3. 增程器型式

增程式电动汽车按增程器型式划分包括内燃机增程式电动汽车（ICE Range Extender）、燃料电池增程式电动汽车（Fuel Cell Range Extender）和其他类型的增程式电动汽车。内燃机增程式电动汽车在 2021 年约占整个增程式电动汽车市场的 74%，市场占比最大。中国、德国、美国、日本的汽车制造商目前都在提供内燃机增程式电动汽车。例如，2016 年宝马推出 i3 增程型（Range Extender），综合续驶里程为 330km。宝马 i3 升级款增程型的综合油耗量为 0.6L/100km，综合耗电量为 11.3kW·h/100km。

燃料电池增程式电动汽车的使用率相对较低。燃料电池汽车的可操作性依赖于氢气的制备和使用便捷性。现阶段氢燃料储运困难对燃料电池的使用形成了掣肘。与内燃机增程器相比，燃料电池增程器较低的碳排放足迹成为优势，将在未来促进全球燃料电池增程式电动汽车市场的扩张。

### 4. 主要增程式电动汽车产品

20 世纪初期，保时捷汽车创始人费迪南德·保时捷（Ferdinand Porsche）打造了最早的增程式电动汽车 Lohner-Porsche（图 2-1-4），采用轮毂电机（图 2-1-5）驱动车轮，通过直接调整电流大小来控制车速高低，轮毂电机采用铅酸蓄电池供电，内燃机只作为辅助发电装置。

2007 年，通用汽车雪佛兰沃蓝达（图 2-1-6）概念车亮相北美车展，并于 2010 年年底上市。2016 款沃蓝达所搭载的动力系统由 1.5L 发动机和电机组成，并匹配 18.4kW·h 的动力电池组，纯电动续驶里程约 80km，综合续驶里程约 676km，同时具备制动能量回收功能，提高了能源利用率。

◎图 2-1-4　Lohner-Porsche

◎图 2-1-5　轮毂电机

◎图 2-1-6　雪佛兰沃蓝达

2009 年，德国马勒（MAHLE）对奥迪 A1（图 2-1-7）进行增程式改造，于 2012 年完成，搭载设计功率 30kW 的双缸汽油发动机，最高转速 4000r/min，排量 0.9L，重量 45kg，最大特点是发动机和发电机集成设计（发电机直接安装在曲轴上），实现发动机和发电机的集成冷却，以及安装空间优化。

◎图 2-1-7　奥迪 A1 增程型

2010 年，英国路特斯（Lotus）公司的增程式电动概念车 – Evora 414E（图 2-1-8）亮相日内瓦车展，动力系统由 2 台电机和 1.2L 三缸汽油发动机组成。在燃料的选择上，除汽油外还可以使用燃料乙醇，提升车辆在环保方面的表现。2 台电机的最大功率为 414 马力（304kW），使用锂聚合物动力电池组存储电能。当动力电池的电量下降到一定程度时，车载的 1.2L 3 缸汽油发动机将为发电机提供电能。该车纯电动续驶里程约 55km，百公里加速时间小于 4s。

◎图 2-1-8　增程式电动概念车 - Evora 414E

2011 年，宝马在法兰克福国际车展上推出了 i3 增程版（图 2-1-9），配备 19kW·h 锂离子动力电池组，最大输出功率达到 125kW，最大转矩达到 250N·m；搭载了一台排量 0.65L 的双缸汽油发动机，用于增程模式下驱动发电机发电。

◎图 2-1-9　宝马 i3 增程版

国际知名设计公司 FEV、AVL 等也纷纷布局增程器产品领域。德国 FEV 公司为 FIAT500 概念车（图 2-1-10）开发了 295mL 排量转子增程式发动机，其有效输出功率达到恒定的 18kW，12.1L 的燃油箱能够使该车的综合续驶里程达到 300km。

◎ 图2-1-10　FIAT500 概念车

奥地利 AVL 公司提出两种用于纯电动汽车的增程器方案，一种是使用转子发动机，与发电机组成的增程器系统布置于行李舱下方，可将综合续驶里程延长 200km；另一种是设计专用的直列双缸四冲程汽油机（图2-1-11）作为增程器的发动机，调试发动机使其保持在高效运行区间，无须考虑过载保护、超速和复杂瞬态工况，整体系统可实现简化。

◎ 图2-1-11　转子发动机和直列双缸四冲程汽油机

（三）产业政策

近几年，全球各地政府专注于提供财政以及非财政奖励等政策措施，加强对电动汽车、清洁能源汽车的推广应用。政策环境的优化推动了增程式电动汽车市场的发展。

美国加利福尼亚州（以下简称加州）出台的零排放车辆（Zero Emission Vehicle，ZEV）计划旨在实现其排放目标，要求汽车制造商按照一定比例生产使用清洁技术（动力电池、燃料电池和插电式混合动力）的车辆。

1）2012 年 1 月，加州空气资源局（CABR）正式通过了先进清洁汽车计划，2025 年之前，在新车销量中电动汽车的占比要达到 10% 以上。为了加强零排放车辆计划，同年 3 月，州长发布了 B-16-2012 号行政命令，指出应

"鼓励零排放车辆的发展和部署",目标是到2025年使加州道路上的零排放车辆达到150万辆。

2)2013年2月,加州发布了一份零排放车辆行动计划,明确了先进清洁汽车计划的实施步骤,同时指出零排放车辆包括纯电动汽车(BEV)、插电式混合动力汽车(PHEV)和氢燃料电池电动汽车(Fuel Cell Electric Vehicle,FCEV)。

ZEV法规适用于2018年及以后生产的新乘用车、轻型货车和中型车辆。除空调系统排放外,如果车辆无任何标准污染物或温室气体的废气排放,则可以被认证为零排放汽车。

表2-1-1中列出了每个制造商最低ZEV积分百分比要求,为制造商生产并在加州交付销售的乘用车和轻型货车的百分比,其中的年产量为过去3年的平均产量。大型汽车制造商可以用零排放车辆和过渡性零排放电动汽车(TZEV)的组合来满足积分要求。来自ZEV的积分必须用于"ZEV底线",要求由2018年的2.0%逐年上升到2025年的16.0%。

表2-1-1 零排放车辆占加州年产量的百分比

| 年份 | 总ZEV百分比要求 | ZEV底线 | TZEV |
|------|------|------|------|
| 2018年 | 4.5% | 2.0% | 2.5% |
| 2019年 | 7.0% | 4.0% | 3.0% |
| 2020年 | 9.5% | 6.0% | 3.5% |
| 2021年 | 12.0% | 8.0% | 4.0% |
| 2022年 | 14.5% | 10.0% | 4.5% |
| 2023年 | 17.0% | 12.0% | 5.0% |
| 2024年 | 19.5% | 14.0% | 5.5% |
| 2025年 | 22.0% | 16.0% | 6.0% |

其中,中等产量的制造商(平均年产量不超过20000辆)可以用TZEV积分额度来满足其全部要求。小批量制造商(平均年产量不超过4500辆)无须满足ZEV要求,但可以通过生产ZEV和TZEV车型,获取可以储存、出售或交易的积分。

ZEV法规中提出增程式电动汽车满足TZEV要求和下述要求后可获得ZEV积分额度。

1）车辆的额定纯电动续驶里程至少为 120km。

2）辅助动力单元（Auxiliary Power Unit，APU）提供续驶里程不大于纯电动续驶里程。

3）在动力电池电量下降至设定值之前，APU 无法起动提供能量。

4）车辆必须符合超低排放车辆（SULEV）要求。

5）APU 和所有相关的燃油系统必须符合零蒸发排放要求。

增程式电动汽车的积分额度可用于满足制造商必须用 ZEV 积分额度来满足的部分，但最高比例为 50%。

生产满足条件的增程式电动汽车可获得积分，优化了增程式电动汽车的发展政策环境，助力汽车制造商满足加州零排放法规要求，降低合规风险。

## 三、我国增程式电动汽车发展情况

### （一）市场现状

#### 1. 全球新能源汽车市场情况

2021 年，在新冠肺炎疫情（以下简称疫情）持续、全球供应链受挫、汽车芯片供应不足以及动力电池原材料价格上涨等不利因素的影响下，全球新能源汽车市场逆势上行，全年新能源汽车销量合计 689 万辆，同比增长 110%。全球新能源汽车市场走势如图 2 - 1 - 12 所示。

a）2013—2021年全球不同动力类型新能源汽车销量

⬡ 图 2 - 1 - 12　全球新能源汽车市场走势

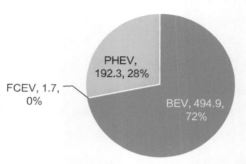

b）2021年全球新能源汽车分动力类型销量（万辆）及占比

☁ 图2-1-12 全球新能源汽车市场走势（续）

注：资料/数据来源于 EV Volumes，中国汽车工业协会。

### 2. 我国新能源汽车市场情况

2021年，我国新能源汽车共计销售352.1万辆，同比增长157.5%，全球市场占比达51%，连续7年销量位居全球第一。新能源汽车新车销量占比由2020年的5.4%迅速提升至13.4%。截至2021年年底，我国新能源汽车累计销量超900万辆，新能源汽车保有量达784万辆。2010—2021年我国新能源汽车产销量及市场渗透率如图2-1-13所示。

☁ 图2-1-13 2010—2021年我国新能源汽车产销量及市场渗透率

注：资料/数据来源于中国汽车工业协会。

如图2-1-14所示，乘用车近五年销量有下降趋势，受乘用车双积分政策影响，新能源乘用车（包括 BEV、PHEV 及 REEV）销量及占比呈上升趋势，2021年新能源乘用车销量占比达15.5%。

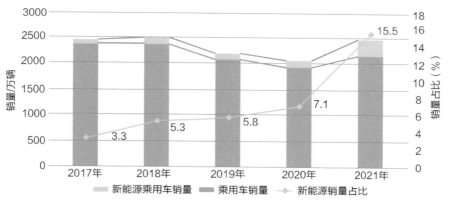

◎ 图 2 - 1 - 14　2017—2021 年我国乘用车销量分析

如图 2 - 1 - 15 所示，商用车近五年销量呈上升趋势，受政府补贴下降影响，新能源商用车销量及占比呈下降趋势；2021 年新能源商用车销量占比 3.9%；新能源商用车的主力市场是受政府管控的电动公交车，真正的新能源商用货车客户端市场需求较低。

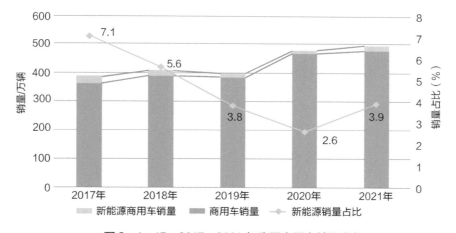

◎ 图 2 - 1 - 15　2017—2021 年我国商用车销量分析

2021 年，BEV、PHEV 车型销量分别为 291.6 万辆和 60.3 万辆，占比分别为 83% 和 17%，其中 REEV 销量约为 10 万辆。国内几款主要增程式电动车型销量情况见表 2 - 1 - 2。

表 2-1-2　2021 年国内主要增程式电动车型销量情况

| 企 业 | 车 型 | 销量/辆 |
|---|---|---|
| 理想 | ONE | 90491 |
| 东风/岚图 | FREE | 6791 |
| | 风光 E3 | 3291 |
| 重庆小康 | 赛力斯 SF5 | 2535 |
| | 问界 M5 | 352 |
| 天际 | ME5 | 537 |
| 总计 | | 103997 |

2021 年全年，增程式电动汽车销量在新能源汽车销量中占比约 3%，在 PHEV 车型中的占比约 17.4%，如图 2-1-16 所示。2022 年，伴随新产品的上量，增程式电动汽车销量有望进一步提升。

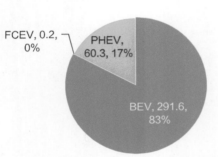

a）2021年新能源汽车分动力类型销量（万辆）分布　　b）2021年新能源汽车分车辆类型销量（万辆）分布

● 图 2-1-16　2021 年新能源汽车分类型销量分布

注：资料/数据来源于中国汽车工业协会。

目前，我国市场上的新能源汽车多数都是纯电动汽车，然而，由于充电基础设施不完善、充电时间过长等问题的存在，很多纯电动汽车消费者在使用过程中产生了"充电焦虑、里程焦虑"问题。

据统计，增程式电动汽车在我国的总销量从 2016 年的 14 辆增至 2021 年的约 10 万辆，增程式电动汽车占我国新能源汽车的市场份额从 2016 年的 0.005% 增至 2021 年的 3%。在政策及先进技术推动解决里程焦虑痛点的情况下，预计 2025 年增程式电动汽车销量有望超过 50 万辆，2020—2025 年年复合增长率有望达到 60% 以上。

针对目前的市场状况，考虑到新能源汽车发展的实际情况，为响应国家政策引导，鼓励不同技术路线的多元化发展，增程式电动汽车将成为新能源汽车发展的重要组成部分。

## （二）产品技术现状

### 1. 增程式电动汽车产品布局加速

2021 年，理想汽车增程式运动型多用途汽车（Sport Utility Vehicle，SUV）理想 ONE 销售超 9 万辆，同比增长 177.4%，2022 年第一季度共销售 3.17 万辆，同比增长 152.1%，累计交付量超过 13 万辆。增程式电动汽车另一位新军东风岚图 FREE，自 2021 年 8 月向用户交付以来，月销量最高达 3330 辆。

市场上可选择的增程式电动汽车车型也越来越多，如赛力斯 SF5、问界 M5、天际 ME5 等都已上市。新近创立的牛创汽车也将推出一款名为"自游家"的增程式电动汽车。随着汽车行业电动化的加速推进，供给侧的新能源汽车产品布局将更丰富，传统燃油汽车产品的布局将放缓，考虑到消费者完全接受新能源汽车需要一个过程，增程式电动汽车为消费者提供了更多的选择，也逐步得到了认可，相关产品布局将进一步加快。

### 2. 增程式电动汽车产品技术现状

增程式电动汽车的核心技术除了体现在动力电池、驱动电机、电控系统（俗称三电）三个主要方面外，增程器也需要重点关注。

#### （1）动力电池方面

得益于新能源汽车的发展战略，我国动力电池产业发展迅速，以宁德时代、比亚迪等为代表的国内动力电池企业，在全球范围内，其动力电池产品市场占有率处于优势地位，动力电池技术处于先进水平。具体而言，目前我国三元锂动力电池产品以 532/622 材料加石墨体系为主，单体电池能量密度从 2012 年的 150W·h/kg 提升到 300W·h/kg。磷酸铁锂单体电池能量密度从 2012 年的 100W·h/kg 提升到现在的 180W·h/kg。以上都得益于相关技术的进步，例如宁德时代的 CTP<sup></sup>技术、比亚迪的刀片电池技术等。理想 ONE 搭

---

○ CTP 是 Cell to PACK 的缩写，即电芯直接集成到电池包内。

载了宁德时代的动力电池。

（2）驱动电机方面

在驱动电机方面，我国已取得较大进展，实现自主开发满足各类新能源汽车需求的产品，部分主要性能指标已达到相同功率登记的国际先进水平；集成化程度进一步提高，理想 ONE 的后驱动电机采用了全新的三合一电机，赛力斯 SF5 也采用了三合一电驱动系统。

（3）增程器方面

目前，市场上多采用小排量发动机，理想 ONE 采用 1.2T 三缸发动机，岚图 FREE、赛力斯 SF5、问界 M5 等车型采用 1.5T 四缸发动机。一方面是节能减排，充分提高发动机效率；另一方面可以优化车辆结构，降低整车重量。

### 3. 增程式电动汽车产品技术发展趋势

目前，在充电基础设施建设与新能源汽车快速发展的不平衡、不协调的环境下，增程式电动汽车具有使用更便利、续驶里程更长等优势，但同时也存在动力系统结构复杂导致的车辆稳定性差、节能环保效果不突出等缺点。相比于纯电动汽车和插电式混合动力汽车，增程式电动汽车在技术的成熟度上还稍显不足。增程式电动汽车技术将呈现发动机专用化、小型化，增程器燃料清洁化，动力电池容量进一步提高等趋势。

1）增程式电动汽车的发动机（增程器）只用来驱动发电机发电，与传统燃油汽车上的发动机的作用不同，需要针对增程式电动汽车的工作特点，设计专用的增程器，提高发电效率，相比于传统燃油汽车发动机应具备小型化的特点。一是增程式电动汽车发动机无须针对不同工况负载进行功率调整，可一直保持最佳输出功率运行状态，具备小型化的技术潜力。二是发动机小型化可降低车辆自重，降低能耗，促进节能减排。

2）目前，增程式电动汽车增程器以发动机和发电机组合为主，仍然需要消耗燃油，并经过多次的能量转化，导致其在能量的使用效率上有所不足。如果能实现燃料端的清洁化，将进一步强化增程式电动汽车节能减排的能力，符合政策的引导方向和行业发展趋势，有利于产品竞争力的提升。增程器未来应向清洁能源转型，比如甲醇等，进一步降低排放水平，如果技术条件能够实现，甚至可以使用氢燃料电池增程器，最终实现零排放。

3）未来一段时期内，增加动力电池容量是进一步提高增程式电动汽车纯电动运行里程占比的主要方式之一。一次充电可以行驶更多里程，减少用户充电次数，缓解充电焦虑，优化用车体验。

（三）政策导向

1）汽车产业是国民经济的战略支柱性产业，产业链长、涉及面广、带动性强、国际化程度高，在我国产业体系中占据重要地位。同时，汽车作为重要的交通运输工具，碳排放占到交通领域的 80% 左右。因此，汽车产业的碳达峰、碳中和是实现我国双碳战略目标的重要组成部分。发展增程式电动汽车是汽车行业实现双碳目标的重要组成部分。

2）国务院于 2021 年发布《关于完整准确全面贯彻新发展理念做好碳达峰碳中和工作的意见》（以下简称《双碳意见》）和《关于印发 2030 年前碳达峰行动方案的通知》两个重要文件，迈出我国推动碳达峰、碳中和战略的第一步。

3）《双碳意见》明确提出，大力发展绿色低碳产业，加快发展新能源汽车；到 2030 年，当年新增新能源、清洁能源动力的交通工具比例达到 40% 左右。

为鼓励、引导新能源汽车行业发展，贯彻落实国务院关于培育战略性新兴产业和加强节能减排工作的部署和要求，中央财政安排专项资金支持新能源汽车推广。按照新能源汽车补贴标准政策等相关规定，增程式电动汽车自 2013 年起纳入财政支持范畴。

2020 年 10 月，国务院发布《新能源汽车产业发展规划（2021—2035 年）》，明确将增程式电动汽车列入"三纵"研发布局，增程式电动汽车成为国家鼓励发展的技术路线之一。

## 子报告二

# 中国增程式电动汽车发展趋势研究

## 一、发展定位和前景

如图 2-2-1 所示，2021 年，纯电动和插电式混合动力汽车销量 351.9 万辆，同比增长 157.5%，呈高速增长势头；中国汽车工业协会预测，2022 年新能源汽车销量有望达到 500 万辆，同比增长 42.1%。

○ 图 2-2-1　2019—2022 年纯电动和插电式混合动力汽车销量及增速情况

注：数据来源于中国汽车工业协会。

新能源汽车市场发展已经从政策驱动转向市场拉动的新发展阶段，呈现出市场规模、发展质量双提升的良好发展局面。2021 年，在汽车产销量下行的背景下，在自主品牌和造车新势力的共同推动下，新能源汽车销量迎来了爆发式增长，市场渗透率迅速提升，由 2020 年的 5.8% 上升到 14.8%，根据中国汽车工业协会最新预测，2022 年新能源汽车渗透率有望达到 22% 左右。

随着理想 ONE、赛力斯 SF5、岚图 FREE、天际 ME5、问界 M5 等增程式电动汽车产品的陆续上市，增程式电动汽车将迎来快速发展期，与纯电动及普通混合动力汽车相比，应用技术成熟，无里程焦虑，动力输出平稳，弥补了纯电动汽车充电便利性差、充电时间长的缺点，在节能减排方面较普通混合动力汽车有了进一步提升。

增程式电动汽车技术路线介于以零排放为目标的纯电动汽车和以节油为目标的插电式混合动力汽车之间，其存在的价值在于具有纯电动汽车的充电开车（节省使用成本）的优势，同时没有纯电动汽车的里程焦虑和充电焦虑问题，是目前最符合"国情"的新能源车型。在新能源汽车动力电池技术升级速度放缓、充电网络发展不均衡的现阶段，增程式电动汽车可以实现快充、慢充、加油三种能源补给形式，用户可在不同的使用场景下自由选择，以应对里程和充电焦虑的问题。大多数插电式混合动力汽车是基于燃油车的平台加装了一套电驱动系统，而增程式电动汽车则是基于电动汽车的平台加装了一套燃油发电系统，保留了电动汽车的驾驶质感。

当下，纯电动汽车依然存在"续驶、充电、安全、成本、残值"等发展痛点，未被终端消费者完全认可，按目前的技术条件和基础设施完备程度来看，短时间内很难得到有效解决。而增程式电动汽车作为新能源汽车技术路线之一，在促进节能减排降碳、加速行业电动化转型方面是不可或缺的一环。

## （一）符合国家政策导向

实现碳达峰和碳中和目标、发展新能源汽车是国家战略，事关我国能源战略安全和生态环境安全。发展新能源汽车是实现交通行业碳达峰、碳中和的主要路径，行业企业要坚定发展节能减排和新能源汽车的决心。

我国新能源汽车发展以纯电动路线为主，已步入快速发展阶段，但短期内充电基础设施不足、里程焦虑等仍是困扰消费者的重要因素，制约了行业发展。

增程式电动汽车作为国家鼓励的技术路线之一，在技术上解决了里程焦虑问题，是现阶段助力行业节能减排的重要技术路线之一，符合国家纯电动的政策导向，顺应了行业发展趋势。

## （二）满足市场产品需求

随着对产品认识的日渐成熟，汽车消费者越来越看重产品的实用性、功能性、舒适性。近两年，增程式电动汽车销量持续上升，相关上市车型不断增加，增程式电动汽车在国内市场的消费者认可度不断提高，成为满足新能源汽车市场需求的重要车型。增程式电动汽车具备以下产品优势。

1）具有电动汽车安静、起步转矩大的优点，可以当纯电动汽车使用，在充电方便的条件下只充电、不加油，使用成本较低。

2）相比其他混合动力模式，增程式电动汽车可以不用变速器，在结构的布置上要相对灵活，成本略有降低。相比于纯电动汽车，可以充分利用现有加油站网络，减少对充电基础设施的依赖，具有综合续驶里程高、动力电池成本低等优势；同时，发动机工作只为动力电池补充电能，不受车辆负荷影响，可以一直处于最佳燃烧区间，保持较高的工作效率。

3）动力电池在低温环境下的电量衰减问题一直困扰着北方用户，目前缺少有效缓解低温电量衰减的方法。增程式电动汽车动力电池容量普遍较小，并联增程式汽车的增程器产生的电能可直接用于驱动电机，低温电量衰减的影响不大，相比纯电动汽车和插电式混合动力汽车更具竞争力。

## （三） 助力中国汽车品牌提升

经过近十年的快速发展，我国增程式电动汽车技术已趋于成熟，产品质量稳步提升，已成为我国新能源汽车市场的特色组成部分，以理想 ONE 为代表的自主品牌增程式电动汽车被消费者接受和认可，取得了不错的市场表现。2021 年，售价 33.8 万元的理想 ONE 雄踞我国中大型 SUV 车型销量榜榜首，超过大众途昂、宝马 X5、雷克萨斯 RX 和奔驰 GLE，助力中国汽车品牌提升。

随着新能源汽车财税补贴政策的进一步退坡、退出，增程式电动汽车使用优势或将进一步放大。按照国家规定，新获得的新能源汽车生产资质只能生产纯电动汽车和增程式纯电动汽车，在纯电动汽车商业化环境有待优化的情况下，增程式纯电动汽车产品将成为新能源汽车企业的一个重要选择。

## 二、产品和技术特点

### （一） 增程式电动乘用车技术特点

#### 1. 运行噪声小，接近纯电动汽车

对比插电式混合动力汽车，增程式电动汽车仅采用电机驱动，燃油发动机只运行在高效区间，其相对固定的转速，避免了由于发动机转速改变带来的噪声及振动，不存在发动机和变速器转速不匹配而出现的顿挫，节油的同

时，又能使用户获得平顺、相对安静的驾驶感受，NVH 性能表现出色。

### 2. 卓越动力，超低油耗

增程器颠覆了传统混合动力系统以油为主的设计架构，采取以大功率电机驱动和动力电池供能、发动机辅助发电的架构，百公里加速时间比同级别燃油汽车普遍快 2～3s，核心节油机理为发动机工作在高效区间，能量转化效率高，市区油耗较燃油车型普遍可节省 30%～45%，满足"追求更低行车油耗"的消费群体需求。

### 3. 超级便利的补能方式

增程式电动汽车同时支持直流快充和交流慢充，在充电条件好的情况下，可以完全满足日常纯电动出行需求。增程器加油补能模式，增加了综合工况续驶里程，提升了长途出行便利性。

### 4. 优异的控制策略

为提升能量利用率，整车中低速行驶或者加速时，如果动力电池 SOC 值较高，则整车控制策略会智能地将驱动模式切换为纯电动优先，发动机停机，油耗为零；如果动力电池 SOC 值较低，则整车控制策略使发动机工作在最佳效率区间，在满足低油耗要求条件下，提升保电性能，实现全工况使用不亏电。

## （二）增程式电动乘用车代表产品

### 1. 理想 ONE

理想 ONE 是国内首个凭借增程技术获得商业化成功的乘用车产品，市场定位为大型豪华 SUV。它搭载了增程四驱电动平台，采用独创的四屏与全车语音交互，标配辅助驾驶系统，让用户的驾乘体验更安全、更便捷。同时搭载整车空中下载（Over-the-Air，OTA）功能，让增程电动系统与智能技术在车辆全生命周期中不断更新完善，用户可以持续享受最新科技。具体特点如下。

1）将产品定位对准家庭用户：轴距 2935mm，通过合理布局提升空间利用率，配备 3 排 6 座，既可满足家庭用户一车多用的需求，又能提供更便捷、更舒适的出行体验。

2）综合续驶里程长：以 2019 款为例（以下均指 2019 款），搭载40.5kW·h 动力电池，实现 180km 的纯电动续驶里程、800km 的综合续驶里程，城市内通过纯电动行驶可覆盖日常通勤需求，与纯电动汽车一样具有节能环保、零排放的优势。

3）增程系统高效：在标定开发中，通过有针对性地提高工作带平均热效率，实现动力性和经济性平衡，综合加权油耗降低至 1.5L/100km，远低于同级别燃油汽车。

4）驾驶体验优秀：通过搭载前后双电机和四驱系统，实现 6.5s 的百公里加速时间，与同级别六缸 3.0T 燃油汽车的动力水平几乎一致，带来优异的驾驶性。

5）热管理系统先进：通过增程器余热管理，实现了增程器、动力电池、空调和电驱动四大系统的热量综合利用，降低车辆在冬季的能量消耗，同时解决了纯电动汽车在北方城市电量衰减严重的问题。

### 2. 金康赛力斯 SF5

赛力斯 SF5 是一款充满运动感的中型增程式电动 SUV，整体采用流线型设计，造型较为饱满，溜背式车尾颇为动感。全车采用一体式运动座椅、轻量化铝合金底盘以及前双叉臂、后梯形臂悬架系统，车身长宽高分别为4700mm、1930mm、1625mm，轴距为2875mm。内饰风格极简，方向盘底部镂空的设计充满个性，全液晶仪表板和大尺寸中控屏进一步提升科技感。赛力斯 SF5 搭载的是高性能驱动电机，峰值功率 510kW，峰值转矩高达 1040 N·m，百公里加速时间 4.8s，最高车速达 230km/h，提供超过 150km 的纯电动续驶里程，综合续驶里程达 1000km。

赛力斯 SF5 的高颜值外观，有很好的辨识度，超前卫设计风格也充分满足了现在消费者对个性化的要求，有助于吸引年轻消费者的注意。

### （三）增程式电动商用车技术特点

### 1. 燃料多元化发展

为寻找最佳整车经济性、成本及环境适应性解决方案，增程器燃料种类已呈现多元化趋势，包含汽油、柴油、天然气、甲醇等，均有企业在进行相关增程器系统的匹配开发。

### 2. 结合需求匹配不同动力

以吉利商用车为例，冷链、物流运输市场为降低整车综合使用成本及保证地方核心区域零排放需求，匹配大容量动力电池，提升纯电动续驶里程，降低运营成本；市政环卫及改装市场为降低整车购置成本及整车自重，匹配中容量动力电池，保证车辆怠速工作时能使用纯电动模式，以解决传统燃油汽车怠速上装工作油耗过高的问题。

以中国重汽豪曼、东风凯普特为代表的小电量增程车型，主打"绿牌油车"概念，也满足了部分细分市场的客户需求。

### 3. 增程器系统高效化

吉利商用车增程器系统高效化共分为四个阶段：第一阶段和第二阶段的主要任务为发动机最优燃油消耗达到215g/kW·h、增程器达到239g/kW·h；第三阶段通过对发动机的增程器匹配性设计、标定，使其最低油耗降至205g/kW·h、增程器降至218g/kW·h；第四阶段则采用深度专业优化的全新发动机为动力，采用高能点火、深度米勒循环、稀薄燃烧、电晕点火、缸内喷水等技术，发动机达到最优油耗186g/kW·h，可成为新能源车辆的主力动力源。

### 4. 增程器系统集成化

将发动机、发电机、控制器等零部件进行合理的集成匹配，实现增程器的高效发电。

（1）增程器及其附件的总布置

合理紧凑的增程器及相关附件的布置是增程器总成集成匹配的首要内容。发动机低压废气再循环（Low Press Exhaust Gas Re-circulation，LP–EGR）系统（包括EGR阀、EGR冷却器、混合阀、EGR管路等）的布置方式直接影响LP–EGR的响应速度。增程器总成、发动机及排放后处理器布置时需要考虑纵置方式及空间问题等。

（2）集成式发电机系统

分体式具有结构简单的优点，但由于发电机和发电机控制单元（Generator Control Unit，GCU）之间通过高压线连接，线路存在能量损耗，且电磁兼容性（Electro-Magnetic Compatibility，EMC）差。集成式发电机是指发电机与 GCU 统一封装，可避免上述缺点。在分体式发电机系统的基础上，探索集成式发电机系统，取消外露三相线，减少高低压线束长度、冷却液管、高低压插接件、控制器安装支架，降低重量、成本并优化管线路布置；选用带有高压互锁功能的插接件及优化印制电路板（Printed Circuit Board，PCB），增加发电机系统高压互锁功能，提高整车系统安全性。

## （四）增程式电动商用车代表产品

### 1. 吉利远程增程式轻型货车

吉利远程增程式轻型货车是市面上唯一批量交付的增程式商用车型。吉利自主研发的 GAPF 沃尔沃增程器 +54kW·h 大容量动力电池技术，应用于冷链物流、房车、专用车等细分领域产品。

（1）吉利远程 1.5 代 GLR 增程式冷藏车、物流车

吉利远程 1.5 代 GLR 增程式冷藏车、物流车标配 8in 液晶显示器、自动驻车系统、电子驻车制动装置、气制动 + 制动防抱死系统（ABS）、倒车雷达系统、远近光一体透镜式 LED 前照灯等；搭载 50/100kW 驱动电机，可实现纯电动、增程、混合供电、上装供电、能量回收、电网充电 6 种工作模式，以应对各种运营场景；54kW·h 大容量动力电池可满足城市配送 120km 纯电动行驶需求。

（2）吉利远程 2.0 全新一代产品

基于 GLA 架构，吉利远程 2.0 全新一代产品在舒适、安全、智能、环保、效率和可靠方面全面提升。轻量化方面，大量应用复合材料、高强度钢、铝合金等材料，集成化模块化设计，较上一代减重 350kg 以上。采用了免维护零部件设计，车桥轮端维护周期达 5 年/50 万 km，动力电池质保 6 年/30 万 km。

吉利远程 2.0 全车正向研发，整车风阻较第一代降低 20%，能耗同比降低 7% 以上。可靠性除通过行业常规坏路路试外，还通过最恶劣标准的高湿 + 高温环境路试。

行业首创碰撞断电、解锁功能，标配驱动系统防盗，碰撞安全满足欧洲 ECE – 29 – 03 法规标准。具备 L2 + 级别自动驾驶的技术能力、远程升级技术（OTA），同时还具备远程车辆管控、货车版导航、手机互联、语音交互，以及智能化车载终端、载重检测等功能。

（3）吉利商用车增程式房车

吉利商用车增程式房车是国内首款新能源房车，以房车专用底盘打造。整车自带 26kW·h 动力电池、100L 燃油箱，续驶里程在 500km 左右，上装可点单式匹配，持 C1 驾照即可驾驶。

（4）吉利商用车增程式市政环卫车

吉利商用车增程式市政环卫车匹配 26 ~ 53.58kW·h 动力电池，相比同规格纯电动汽车具有整车自重轻 18% 左右、降低采购成本、上装用电无忧等优势。对比同类燃油汽车，经用户工况实测，增程式市政环卫车节油 40%。

## 2. 比亚迪增程式轻型货车

比亚迪增程式轻型货车借助弗迪动力的高效发动机和电机，与目前市场在售 4.5t 柴油轻型货车平均百公里油耗 12.8L 相比，可以节油 26%。

## 3. 其他增程式轻型货车

自 2017 年开始，国内企业积极探索增程式电动汽车技术路线，以应对未来多元化发展的市场趋势，当前还有如下企业和产品布局。

1）陕西重汽 L6000 增程式中型货车，配置 1.2L 柴油增程器及 53.8kW·h 动力电池。

2）南骏汽车瑞吉增程式轻型货车，配置 1.2L 汽油增程器及 77kW·h 动力电池。

3）福田时代增程式轻型货车，配置 1.5L 汽油增程器及 15.4kW·h 动力电池。

4）福田奥铃增程式轻型货车，配置 2.3L 柴油增程器及 17.52kW·h 动力电池。

5）电咖汽车 ER600 增程式轻型货车，配置 1.5L 汽油增程器及 21.5kW·h 动力电池。

6）湖北三环增程式轻型货车，配置 1.3L 汽油增程器及 30.13kW·h 动力电池。

7）山东丽驰增程式轻型货车，配置 1.5L 汽油增程器及 15.4kW·h 动力电池。

此外，吉利商用车正在研究增程式技术在重型货车、客车、小微型货车、皮卡上的搭载应用。

## 三、市场发展前景

### （一）乘用车混合动力/增程式市场预测

1）发达国家千人汽车保有量总体在 500～800 辆，截至 2021 年，我国汽车千人保有量接近 214 辆，预计在 2025 年达到 250 辆的水平，2030 年达到 289 辆，综合考虑人口密度、交通承载力与环境因素，400 辆/千人大概是极限值，未来我国汽车市场仍有较大的增长空间。

2）依据《节能与新能源汽车技术路线图 2.0》预测，2035 年我国新车销售 4000 万辆，其中新能源（含增程式）汽车超过 50%。乘用车未来电动化销量占比预测如图 2-2-2 所示。

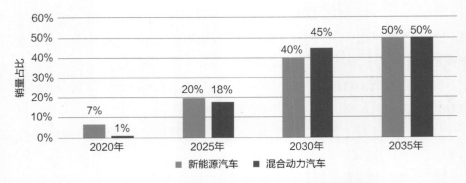

图 2-2-2 乘用车未来电动化销量占比预测

3）目前，《节能与新能源汽车技术路线图2.0》预测的2025年混合动力电动汽车40%的占比目标具有一定的挑战性，但15%～20%占比目标应可以实现；按照2035年4000万辆的乘用车销量预测，混合动力电动汽车到2035年占比50%，约2000万辆。乘用车未来电动化销量预测如图2-2-3所示。

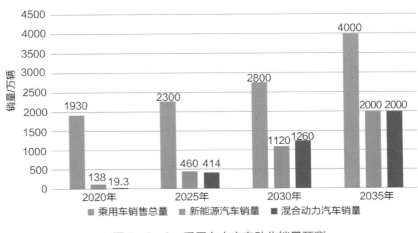

◎ 图2-2-3 乘用车未来电动化销量预测

## （二）商用车混合动力/增程式市场预测

1）依据《节能与新能源汽车技术路线图2.0》油耗下降目标：2025年降低10%、2030年降低15%、2035年降低20%，反推新能源商用车（主要是BEV及FCEV）及HEV/PHEV（含REEV）车型的占比。由于新能源商用车（BEV/FCEV）难以在短期内形成对传统燃油商用车的竞争优势，未来15～20年混合动力/增程式商用车相比传统燃油汽车的市场需求及性价比更高。

从货车销量结构来看，我国货车市场以轻型货车为主，2021年总销量211万辆，占比达49.2%；其次是重型货车销量139.5万辆，占比为32.5%。

2）到2040年，传统燃油商用车有望全部被HEV替代，而2040年后BEV及FCEV商用车的销量增量加速，有望在2055—2060年全部替代混合动力燃油汽车，混合动力商用车至少还有20年以上的发展周期。轻型货车电动化市场占比预测如图2-2-4所示。

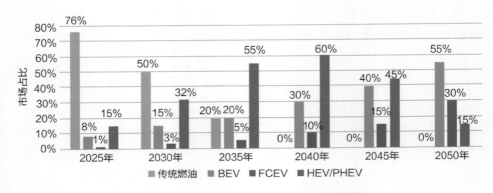

◎ 图2-2-4　轻型货车电动化市场占比预测

### （三）新能源汽车用户满意度情况

根据中国质量协会2021年中国燃油汽车行业用户满意度指数（CACSI）测评结果，2021年中国新能源汽车行业用户满意度指数（NEV-CACSI）为80分（满分100分），与燃油汽车持平。其中，纯电动汽车用户满意度指数80分，再创新高，同比提高2分，连续6年增长；插电式混合动力汽车（含增程式）80分，与历史最高水平持平。以上数据表明，经过近10年的发展，我国新能源汽车已经得到了广大用户的认可，质量持续提升和抱怨率下降是2021年新能源汽车满意度指数提高的重要原因。

2021年，我国新能源汽车感知质量80.2分，同比提高1.4分。插电式混合动力汽车（含增程式）感知质量同比提高0.2分。2021年，纯电动汽车用户抱怨率同比下降4个百分点，插电式混合动力汽车（含增程式）同比下降7个百分点。随着产品质量提升和成本下降，新能源汽车的用户感知价值持续提升。测评数据显示，新能源汽车的性价比较燃油汽车具备一定的竞争优势。

产品质量的全面改善是新能源汽车感知质量提升的主要原因。测评数据显示，纯电动汽车和插电式混合动力汽车（含增程式）的性能设计满意度水平均高于燃油汽车。2021年，我国新能源汽车性能设计满意度78分，比燃油汽车高0.4分。相比燃油汽车，新能源汽车在动力和变速、音响娱乐、导航等方面优势明显。

我国新能源汽车质量可靠性满意度有明显改善，已接近燃油汽车水平。

2021年，我国新能源汽车质量可靠性满意度79.8分，比燃油汽车低0.1分，同比提高1.8分。纯电动汽车用户最满意动力电池和充电的可靠性。插电式混合动力电动汽车（含增程式）用户最满意空调、电机、动力电池和充电的可靠性。

我国新能源汽车百辆新车故障发生次数有明显下降，纯电动汽车下降幅度更大。2021年，我国新能源汽车百辆新车故障发生次数93次，比燃油汽车低1次，同比下降8次。纯电动汽车百辆新车故障发生次数86次，同比下降16次，其中动力电池和充电问题故障次数同比下降8次，车身外观故障次数下降5次。插电式混合动力电动汽车（含增程式）百辆新车故障次数90次，同比下降6次，其中发动机同比下降5次，行驶转向、制动系统下降3次。

相比燃油汽车，我国新能源汽车服务优势明显，其中造车新势力品牌服务表现更为突出。2021年，我国新能源汽车售后服务满意度76分，比燃油汽车高1分，其中造车新势力品牌售后服务得分76分，传统车企新能源品牌售后服务得分75分。新能源汽车在服务收费、维修服务质量、服务设施及环境等方面较燃油汽车具有明显优势。2021年，我国新能源汽车销售服务满意度78分，比燃油汽车高1分，其中造车新势力品牌销售服务得分79分，其各环节的服务都具有优势，最大优势是线上服务。造车新势力依托互联网思维和数字化运营手段，其服务贯穿售前、售中、售后全周期，不断提升服务能力，向客户提供极致的服务体验。

未来存量市场的竞争只会比过往更加激烈。汽车厂商要成为竞争中的赢家，必须更加关注用户需求，持续提升质量，进一步降低抱怨率。本次测评数据显示，纯电动汽车用户抱怨的主要故障和问题是内饰异味重、续驶里程不正常衰减、轮胎噪声大、风噪声大。而插电式混合动力电动汽车（含增程式）用户抱怨的主要故障和问题是内饰异味重、轮胎噪声大、方向盘松动有响声。此外，新能源汽车音响娱乐导航系统故障率有持续升高的趋势。纯电动汽车、插电式混合动力电动汽车（含增程式）的音响娱乐导航系统故障次数分别达到10次、12次，分别升高1次和4次。

以新能源类别及车型结构类别综合划分细分市场车型，各细分市场NEV - CACSI第一的车型见表2 - 2 - 1，其中增程式电动汽车理想 ONE 凭借出色的产品力，在全品类新能源汽车中满意度名列前茅。

表 2 – 2 – 1　各品牌车型用户满意度（NEV – CACSI）

| 车企名称 | 车　型 | 满意度 | 细分市场 |
|---|---|---|---|
| 上汽通用五菱 | 宏光 MINI EV | 80 | 纯电动微型/<br>小型轿车 |
| 零跑汽车 | T03 | 80 | |
| 长城汽车 | 欧拉白猫 | 80 | |
| 长城汽车 | 欧拉黑猫 | 79 | |
| 长城汽车 | 欧拉好猫 | 79 | |
| 长安汽车 | 奔奔 EV | 78 | |
| 上汽乘用车 | 荣威 CLEVER | 77 | |
| 奇瑞新能源 | 小蚂蚁 | 77 | |
| 上汽乘用车 | 荣威 Ei5 | 80 | 纯电动<br>紧凑型轿车 |
| 广汽埃安 | Aion S | 79 | |
| 上汽通用 | 微蓝 6 | 79 | |
| 比亚迪 | 秦/秦 pro EV | 79 | |
| 小鹏汽车 | P7 | 81 | 纯电动中型/<br>中大型轿车 |
| 特斯拉中国 | Model 3 | 80 | |
| 比亚迪 | 汉 EV | 80 | |
| 华晨宝马 | 5 系 PHEV | 82 | 插电式混合<br>动力轿车 |
| 上汽大众 | 帕萨特 PHEV | 80 | |
| 一汽 – 大众 | 迈腾 GTE | 80 | |
| 上汽乘用车 | 荣威 ei6 MAX | 78 | |
| 上汽乘用车 | 名爵 EZS | 80 | 纯电动<br>小型 SUV |
| 比亚迪 | 元/元 pro | 79 | |
| 一汽 – 大众 | ID. 4 CROSS | 81 | 纯电动<br>紧凑型 SUV |
| 上汽大众 | ID. 4 X | 81 | |
| 小鹏汽车 | G3 | 80 | |
| 威马 | EX5 | 79 | |
| 特斯拉中国 | Model Y | 83 | 纯电动中型/<br>中大型 SUV |
| 蔚来 | ES6 | 83 | |
| 华晨宝马 | iX3 | 82 | |
| 蔚来 | ES8 | 81 | |
| 蔚来 | ES6 | 81 | |

（续）

| 车企名称 | 车　型 | 满意度 | 细分市场 |
|---|---|---|---|
| 上汽大众 | 途观 L PHEV | 81 | 插电式混合动力 SUV |
| 理想汽车 | 理想 ONE | 81 | |
| 比亚迪 | 唐 DM | 81 | |
| 上汽乘用车 | 荣威 eRX5PLUS | 78 | |

注：资料来源于中国质量协会。

## （四）消费者购买关注因素分析

巨量算数《2021 年新能源汽车人群调研》数据显示，传统车企新能源汽车品牌和新势力品牌的消费者对车辆安全性和外观这两项指标的关注度都比较高。相对而言，新势力品牌的消费者更看重车辆的外观，同时在科技感、动力、品牌等方面的关注度也高于传统新能源汽车品牌。新能源汽车人群调研情况如图 2-2-5 所示。

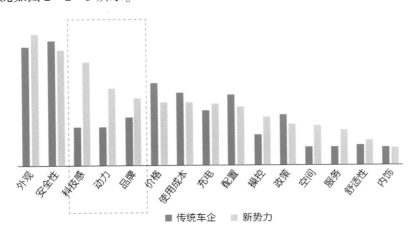

△图 2-2-5　新能源汽车人群调研情况

注：资料来源于巨量算数《2021 年新能源汽车人群调研》。

## （五）增程式电动汽车消费群体

### 1. PHEV 和 REEV 消费者多为个人用户

PHEV 和 REEV 的主销车型是中型及中大型车型，如图 2-2-6 所示。相

对来看，消费者对于这些车型价格敏感度不高，理想 ONE 和宝马 5 系 PHEV
车型是当前的主销车型。

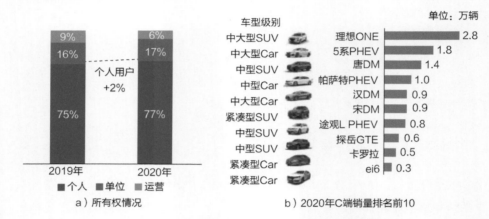

图 2-2-6　PHEV 和 REEV 消费者及主销车型结构

注：资料来源于巨量算数《2021 年新能源汽车人群调研》。C 端即消费者端。

### 2. 主力消费群体

从巨量算数《2021 年新能源汽车人群调研》结果来看，18～40 岁人群
是目前整体汽车市场的消费主力人群，如图 2-2-7 所示；31～40 岁社会
中坚人群占新能源汽车车主比例高于燃油汽车，而且购买的第二辆车为新
能源汽车的占比相对更高；18～30 岁人群对第一辆车为新能源汽车的接受
程度较高。

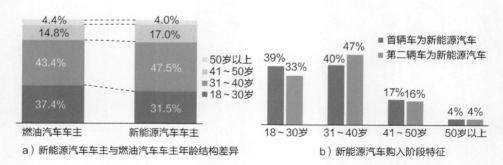

图 2-2-7　新能源汽车市场消费人群统计

注：资料来源于巨量算数《2021 年新能源汽车人群调研》。

### 3.典型用户画像

除了新能源汽车车主与燃油汽车车主存在差异化特征外，不同阵营之间的用户画像也各有特色，主要受众存在显著差别。如图2-2-8所示，不同品牌阵营的受众与其产品定位有相关性，其中传统品牌阵营除传统豪华品牌外，大部分用户以公司白领为主，低级别城市占比较高；而新势力阵营受众目前以一二线城市为主，敢于尝鲜的高学历高收入群体占多数。

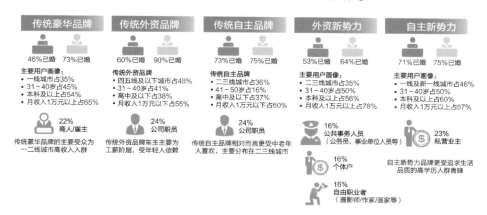

⬥图2-2-8　新能源汽车品牌受众分析

注：资料来源于巨量算数《2021年新能源汽车人群调研》。

### （六）企业创新发展案例

#### 1.理想汽车

理想ONE为造车新势力产品中第一款销量突破10万辆的产品，从第一辆下线到第10万辆，用时不到两年。理想汽车2021年销售收入突破260亿元。

优势企业根据本国国情和自身企业特点，走差异化路线，理想汽车也不例外。虽然前期不被外界看好，但理想汽车坚持选择增程技术路线，重点考虑的是电动汽车的里程焦虑问题，当前电动汽车的长途出行仍面临诸多困难，如不能解决长途补能问题，电动汽车很难大规模普及。为每一辆电动汽车配备"发电机"，是电动汽车长途驾驶过程中最大化利用现有补能网络的重要方案，能从根本上消除电动汽车用户的里程焦虑。

调研发现，理想ONE用户普遍拥有充电条件，长途驾驶需求较高，超过

70%的车主拥有独立车位并安装了家用充电桩，还有超过20%的车主在公司或小区有稳定的公共充电条件。市区基本是纯电动行驶，增程发电能很好地解决长途驾驶需求，用户将理想ONE作为可长途驾驶的纯电动汽车使用，以"城市用电，长途发电"为特征的增程式电动和类增程式电动产品，具有很强的用户吸引力。

基于用户的根本需求（无里程焦虑）和基础设施的长期稳定性（加油站体系），理想汽车选择增程式电动作为第一款量产车的驱动方式。随着近两年理想ONE的热销，更多品牌推出了增程式电动车型。

### 2. 岚图汽车

NVH性能是整车开发过程中的重要品质特征，在所有用户抱怨的问题中，约有30%问题与NVH性能相关。同时，NVH性能也会直接影响产品的市场竞争力。与传统燃油汽车相比，增程式电动汽车在怠速及低速充电工况，为保证动力电池SOC值不降低或快速增加，增程器的负荷会显著增加，会伴随产生车内振动噪声、"咕噜"声以及发电机啸叫声等增程器NVH问题。

岚图汽车重视整车NVH性能开发，从产品开发初期便介入增程器的NVH开发。从增程器的结构设计、燃烧控制、扭振控制、总成模态分布、进排气系统NVH控制等维度对增程器NVH性能进行调校控制。在样车调校阶段，结合实车表现，通过持续优化传递路径分析和控制策略，使岚图FREE增程器的NVH性能达到市场领先水平。

针对增程器怠速及低速充电工况"咕噜"声明显、车内噪声大等问题，实车测试发现，咕噜声是由曲轴扭振激励，经悬置支架放大，传递到车内引起的；车内噪声大是因为增程工况点选择不合理。因此，将曲轴扭振减振器由单模扭振减振器（Torsional Vibration Damper，TVD）更改为双模TVD，悬置支架模态提升至650Hz。在满足整车功率需求的前提下，通过矩阵式扫描发动机转速和功率，确定NVH较优的工况点，最终咕噜声完全消失；怠速充电时车内噪声由50dB（A）降低到40dB（A），20km/h匀速行驶车内噪声由53.5dB（A）降低到48.5dB（A）。

### 3. 东安动力

哈尔滨东安汽车动力股份有限公司聚焦新能源增程动力领域，增程专用发动机技术水平持续提升，2021 年公司增程产品销售收入 8.35 亿元，最新研发的增程动力专用发动机热效率已达到 43%。

根据整车功率请求，需要对增程式发动机进行细致标定，改善万有特性低油耗区域面积，在低油耗区域内选取满足功率需求的运行工况点。为保证发动机稳定运行，工况选点需呈平滑曲线。针对增程模式下低温冷起动时的排放问题，发动机怠速工况点的设定需高于传统燃油发动机。基于增程式发动机运行工况点，通过调整发电机电磁方案，使增程式发动机与发电机高效区间达到最佳匹配，提高增程器系统油电转化率。

增程式电动汽车的运行工况与动力电池 SOC 阈值相关。根据动力电池 SOC 阈值，确定不同的运行策略，通过对增程器运行工况点、发动机高效区、发电机高效区、驱动电机高效区的科学耦合，可实现增程式电动汽车的最佳油耗和排放。

增程专用发动机与传统发动机在运行工况点、运行模式等方面有较大差别，基于传统发动机的试验台架及其可靠性的试验方法无法满足增程式发动机性能评价及可靠性验证的要求。为此，需要结合增程式发动机 + 发电机的工作特点，关注增程式发动机 + 发电机试验验证及耐久考核方法，实现高可靠性的增程专用发动机开发。

## 子报告三

# 增程式电动汽车产品技术发展研究

## 一、整车发展情况

近年来，由于能源危机、全球气候变暖、环境污染等问题日益突显，我国开始大力扶持新能源相关产业，国内的新能源汽车产业得到了前所未有的蓬勃发展。尽管纯电动汽车比传统燃油汽车使用成本低，但选择纯电动汽车的用户往往会面临续驶里程不足、充电时间较长及充电基础设施不完善等问题。增程式电动汽车作为一种新型节能环保汽车，相对于纯电动汽车，增加了一套增程系统。尽管增程系统较复杂，但其对动力电池容量的要求与纯电动汽车相比较小，并且发动机也能够保持工作在高效区间，能量转换效率大幅提高，燃油经济性也得到改善。增程式电动汽车具有纯电动汽车的优点，且续驶里程增加，满足当前消费者的需求，成为目前我国新能源汽车市场的一股新兴力量。下面介绍几款国内外典型的增程式电动汽车产品。

### （一）国外典型增程式电动汽车产品

#### 1. 宝马 i3（第一代）

2013 年 7 月，宝马发布 i3 车型（第一代）。该车型搭载了采用高效动力策略技术的 eDrive 电力驱动系统，可以实现较低排放；电机最大功率 125kW，最大转矩 250N·m，纯电动行驶时车速可达 130 ~ 150km/h。装备增程发动机之后，该车型续驶里程达到 240 ~ 300km；最高车速 150km/h；百公里加速时间仅为 7.9s。

（1）动力传动系统结构

宝马 i3 的动力传动系统如图 2-3-1 所示，它主要由增程器、驱动电机、锂离子动力电池以及智能能量管理系统等组成，属于典型的串联式混合动力系统构型。增程器直接布置在后桥上部的电驱动系统旁边，不直接参与驱动整车，仅用于给锂离子动力电池充电，可根据不同功率需求进行工作点高效控制；驱动电机布置在后轴上；锂离子动力电池布置在汽车地板下方，扩大了车内使用空间；智能能量管理系统优化了发动机、电机、动力电池间的协作，使车辆在能耗较低的同时保持高性能。增程器、驱动电机、动力电池、智能能量管理系统四者配合，实现了宝马 i3 低排放、高性能的目标。

◔ 图 2-3-1　宝马 i3 结构

（2）发动机

宝马 i3 搭载的是一台 0.65L 双缸小型汽油发动机，最高功率 25kW，运行时十分平稳、安静，可加注普通汽油。该发动机直接安装在后桥上方的电驱动系统旁边，如图 2-3-2 所示。行驶过程中，动力电池电量降到限定值时，发动机便会驱动发电机给动力电池充电，车辆继续使用电能行驶。汽油发动机的动力并不负责驱动车辆，而是转化为电能后再通过电机驱动车辆。

◔ 图 2-3-2　宝马 i3 发动机布置

与纯电动版宝马 i3 相比，加装了增程发动机的增程式宝马 i3 的行李舱容积没有受到任何影响（9L 的行李舱位于车身前部），对整车的性能也没有任何影响，较小的动力电池容量使纯电动续驶里程下降了 10%，相较于纯电动车型，增程式车型的加速性能也有所下降 7%。此外，采用较小的动力电池组可以降低整车重量和成本。同时，容量小的动力电池组可以实现快速充电，增加了整车的实用性。

（3）动力电池

宝马 i3 搭载的是由三星提供的单体动力电池，而动力电池组和动力电池管理系统（Battery Management System，BMS）技术由宝马专门设计研发。该动力电池包括 8 个电芯组，每个电芯组有 12 个独立单体动力电池，总重量 230kg，可充放电 1000 次，总电压 338V，电容量 22kW·h，充满一次电可行驶 130~150km。在某一电芯组发生故障时，该动力电池组仍能正常工作，整车的行驶性能不会受到影响。同时，宝马会在动力电池寿命到期后回收电池，并将其作为太阳能发电站的储能电池继续使用，这样会大大减小动力电池对环境的影响。

宝马 i3 的动力电池配置了智能加热/冷却系统，与同类动力电池相比，其能量输出受温度波动的影响小，有助于提高动力电池性能和使用寿命。当动力电池组温度上升至 40℃时，会导入空调的冷风为其降温；冬天，空调也可为动力电池组加热。

宝马 i3 动力电池与电机相互作用的电力电子装置不仅可作为逆变器，在给电机输送动力电池电流时使用，还可在动力电池与 12V 车载网络相互作用时作为变压器使用。在减速滑行运行状态下回收动能时，其强大的软件还可高效调节电流。除此之外，充电器的功能同样集成在电力电子装置中。在对动力电池充电时，该装置可以根据电源调整功率，使其以 3~50kW 功率工作。

（4）驱动电机

宝马 i3 的驱动电机专为市区交通应用设计。与典型的电机一样，宝马 i3 的电机从静止状态起就有全额转矩可供使用，并非像发动机那样必须提高转速才能建立起转矩，而且在非常大的转速范围内均可提供很高的转矩。这使得宝马 i3 在任何情况下均有较高的灵活性，具有良好的加速能力。同时，电机的磁体没有安装在表面，而是内置于转子中，因此磁阻力矩可以被正常的磁矩利用。电机在高转速时依然有充足的功率与转矩输出，提高了车辆高速行驶时的加速性能。此外，该电机在运行过程中几乎没有噪声，改善了整车的 NVH 性能。

（5）智能能量管理系统

宝马 i3 的智能能量管理系统更强调电气部分的低能耗，使整车在所有行驶情况下均具有最佳续驶里程。相较于传统电加热装置，其车内暖风系统节电高达 30%，车用照明均采用较节能的 LED 灯。另外，电驱动系统还提供通过加速踏板进行制动的方式。当驾驶人将脚从加速踏板挪开时，电机就会起到发电机的作用，将动能转变成电流回馈到动力电池中，并提供可精确控制的制动力。同时，功率与车速有关，这样在高速行驶时，可实现尽量有效的"空档滑行"，而在低速行驶时，可得到较高的制动力。宝马 i3 的制动方式被定义为"单踏板控制"，即在城市行驶时，对于预见性的驾车方式，约 75% 的减速无须踩下制动踏板即可实现，可使续驶里程延长约 20%。通过这种能量回收方式产生制动力矩使得车辆有效减速，并且有益于预见性驾驶方式。

（6）轻量化

宝马 i3 采用了 LifeDrive 车身结构，包括两个水平分离且彼此独立的模块：Life 模块，即超轻的高强度碳纤维加固塑料（CFRP）制成的乘客舱；Drive 模块，由底盘组件（铝质）、驱动组件和锂离子动力电池构成。如图 2-3-3 所示，该结构的优势在于所有驱动组件稳固安放在下部模块，大大减少了中央通道对内部空间的占用，让乘客可以拥有更多空间。LifeDrive 结构有效减轻了整车重量，还降低了整车的重心，延长了车辆的续驶里程，并提高了车辆的驾驶操控性和安全性。

◎ 图 2-3-3　宝马 i3 的 LifeDrive 结构

宝马 i3 的整备质量仅为 1270kg，与一辆普通小型车相近。如此轻的重量与高强度碳纤维加固塑料的使用有很大关系，碳纤维加固塑料车身的重量只有 180kg，车身的零件相比传统钢质车身要减少 2/3。车身碳纤维材质的重量比钢材轻约 50%、比铝材轻约 30%，从而抵消了锂离子动力电池等部件产生的额外重量。同时，碳纤维还是一种高强度材料，提高了驾乘的安全性。宝马 i3 的侧面车身采用了宝马专利技术的树脂，将两块碳纤维板粘接在一起，并在夹层中粘接了工程塑料材质用来强化车身。此外，宝马 i3 采用铝合金车架，是整车重量最重的部分，其主要作用是为锂离子动力电池提供空间和保护。

此外，宝马 i3 的电机仅重 50kg，动力电池重 230kg。轻量化几乎渗透到宝马 i3 的每一个部件，比如车门饰板（比普通汽车的车门饰板轻 10%）、铝螺栓和螺钉，甚至刮水器（采用蜂窝结构）等。

（7）产品参数

宝马 i3 参数见表 2-3-1。

表 2-3-1　宝马 i3 参数

| 参数类型 | 参数名称 | 单　位 | 类型/数值 |
|---|---|---|---|
| 基本参数 | 级别 | — | A00 |
| | 整备质量 | kg | 1270 |
| | 长 | mm | 3845 |
| | 宽 | mm | 2011 |
| | 高 | mm | 1537 |
| | 轴距 | mm | 2570 |
| | 最大功率 | kW | 125 |
| | 最大转矩 | N·m | 250 |
| | 功率/整备质量 | kW/kg | 0.098 |
| | 转矩/整备质量 | N·m/kg | 0.197 |
| 动力电池参数 | 类型 | — | 锂离子 |
| | 电压 | V | 360 |
| | 电量 | kW·h | 22 |
| | 电量/整备质量 | kW·h/kg | 0.017 |

| 参数类型 | 参数名称 | 单 位 | 类型/数值 |
|---|---|---|---|
| 发动机参数 | 类型 | — | 双缸汽油发动机 |
| | 最大功率 | kW | 25 |
| | 排量 | L | 0.65 |
| | 功率/整备质量 | kW/kg | 0.020 |
| 变速器参数 | 类型 | — | 单级变速器 |
| 动力性参数 | 最高车速 | km/h | 150 |
| | 0—100km/h 加速时间 | s | 7.9 |
| | 纯电动续驶里程 | km | 130～160 |
| | 综合续驶里程 | km | 240～300 |

（8）驾驶模式

宝马 i3 包括三种驾驶模式：COMFORT 模式、ECOPRO 模式以及 ECOPRO + 模式。

1）COMFORT 模式为宝马 i3 的默认驾驶模式。此模式下，在不同的驾驶方式、交通情况和旅程线路条件下，宝马 i3 的续驶里程最高可达 160km。车辆行驶时，动态续驶里程显示器以圆周轮廓形式指示可以到达的目的地；而续驶里程辅助控制系统可根据目的地指示切换到 ECOPRO 或者 ECOPRO + 驾驶模式，从而提高续驶里程。

2）在 ECOPRO 模式下，宝马 i3 利用经过匹配的加速踏板特性曲线进行工作，同时降低空调功耗，续驶里程可以提高 20km。

3）ECOPRO + 模式始终以续驶里程为指标，此模式下，宝马 i3 的最高车速降低到 90km/h，并且将暖风和空调等电器负载切换到节能模式，续驶里程与 COMFORT 模式相比可增加 40km。

（9）销售情况

宝马 i3 于 2013 年 11 月上市，在德国的销量为 121 辆，整个西欧的销量超过 400 辆。2014 年上半年，宝马 i3 在全球销量共计 5396 辆，仅 6 月就售出 1241 辆。截至 2022 年，宝马 i3 纯电动版与增程版全球累计销量达到 25 万辆。

## 2. 奥迪 A1 e-tron

2010 年，奥迪 A1 e-tron 在日内瓦车展上发布，它配备的驱动电机持续输出功率为45kW，峰值功率可达75kW，持续输出转矩为150N·m，峰值转矩达240N·m，其百公里加速时间为10.2s，最高时速达130km；官方宣称百公里综合油耗仅为1.9L，二氧化碳排放量为45g/km。

（1）动力传动系统结构

奥迪A1 e-tron的结构如图2-3-4所示，它主要由发动机、电机、锂离子动力电池及控制单元等组成。奥迪A1 e-tron采用了串联驱动结构，电机驱动车辆行驶，发动机只负责发电。驱动电机位于发动机舱内，横向安置于车身前部较低的位置；而发动机位于行李舱内；12L燃油箱和动力电池组布置在底盘的中后部，其间有一条高压线连接到电机，电机的动力通过单级变速器传递到前轮，驱动整车行驶。

增程器
排气系统

高压线
油箱  锂离子电池

⊙ 图2-3-4  奥迪A1 e-tron结构

（2）发动机

奥迪A1 e-tron搭载的是一台来自德国Wankel的排量为0.254L的微型转子发动机，峰值转速达到5000r/min，带动可以产生15kW功率的发电机给动力电池充电，二者重量仅为70kg。车辆行驶时，可以采集目的地、路线概况等行驶数据，以便在需要时起动增程发动机。驾驶人还可以根据实际需求手动打开和关闭增程模式。选用转子发动机的好处：它十分小巧，20:1的超高压缩比，效率极高，很适合用在未来环保车型上；噪声小，几乎不会产生振动，可以保证宁静的驾驶氛围。

（3）动力电池

奥迪A1 e-tron的动力电池组包括一个锂离子电池电芯组，布置在后车轴前面的地板内。此设计有利于降低整车重心，并使前后重量均匀分布。动力电池组为 T 形排列，T 字的 "横" 填满在底盘中央通道的后部，而那一 "竖"则位于后轴上方，即通常安置燃油箱的位置。动力电池容量为 12kW·h，由96 个单体电池组成，重量不到 150kg。配备了动力电池组的奥迪 A1 e-tron 的重量仅有 1190kg。电量完全耗尽的动力电池可以通过 380V 电压大约在 3h 内充满，外接显示器可以显示实时充电状态和剩余充电时间。

（4）驱动电机

奥迪 A1 e-tron 驱动电机可输出 75kW 的最大功率和 150N·m 的峰值转矩，性能与一台四缸 1.6L 自然吸气发动机相当。在 Boost 加速模式下，电机转矩可提高到 240N·m。日常连续行驶时，电机会进入 45kW 的巡航省电模式。

（5）电动化

奥迪 A1 e-tron 车身附属部件也实现了高度电动化。车内温控系统的制冷压缩机采用电力驱动，只在必要时为其提供所需电量，可持续提高系统效率。因为其特殊的设计，车内温控系统环路还可以用作热泵，以调整驾驶舱和动力电池的温度。

（6）产品参数

奥迪 A1 e-tron 参数见表 2-3-2。

表 2-3-2  奥迪 A1 e-tron 参数

| 参数类型 | 参数名称 | 单 位 | 类型/数值 |
|---|---|---|---|
| 基本参数 | 级别 | — | A00 |
| | 整备质量 | kg | 1190 |
| | 长 | mm | 3845 |
| | 宽 | mm | 2011 |
| | 高 | mm | 1537 |
| | 轴距 | mm | 2470 |
| | 最大功率 | kW | 75 |
| | 最大转矩 | N·m | 240 |
| | 功率/整备质量 | kW/kg | 0.063 |
| | 转矩/整备质量 | N·m/kg | 0.202 |

（续）

| 参数类型 | 参数名称 | 单 位 | 类型/数值 |
|---|---|---|---|
| 动力电池参数 | 类型 | — | 锂离子 |
| | 电压 | V | 380 |
| | 电量 | kW·h | 12 |
| | 电量/整备质量 | kW·h/kg | 0.010 |
| 发动机参数 | 类型 | — | 转子发动机 |
| | 最大功率 | kW | 25 |
| | 排量 | L | 0.245 |
| | 功率/整备质量 | kW/kg | 0.021 |
| 变速器参数 | 类型 | — | 单级变速器 |
| 动力性参数 | 最高车速 | km/h | 130 |
| | 0—100km/h 加速时间 | s | 10.2 |
| 经济性参数 | 百公里综合油耗 | L/100km | 1.9 |
| | 纯电动续驶里程 | km | 50 |
| | 综合续驶里程 | km | 250 |

（7）轻量化

重量轻是奥迪 A1 e-tron 的关键特性。转子发动机重量轻且结构紧凑，因此 A1 标准的 265L 行李舱不会受到任何影响。此外，它的燃油箱仅需容纳 12L 燃油。同时，车顶和后扰流板采用低密度、高强度的碳复合材料，有利于减轻车重。

（8）销售情况

奥迪 A1 e-tron 并未量产。2010 年年底 20 辆 A1 e-tron 在慕尼黑开展了现场测试计划。2012 年 6 月，英国《汽车杂志》报道称，奥迪已无限期搁置了 A1 e-tron 的生产版本，以精简其未来的电动汽车计划。究其原因，当时奥迪对电动汽车的发展并没有足够的信心。

### 3. 日产 NOTE e-POWER

2016 年 11 月，e-POWER 系统在日产 NOTE 紧凑型汽车上首次搭载，它由一台峰值功率为 58kW 的 1.2L 自然吸气发动机、一台峰值功率为 80kW 的永磁同步电机及一个容量仅有 1.47kW·h 的动力电池组成。e-POWER 系统使用高效汽油发动机为驱动车辆的电机供电。对于消费者来说，这提供了类似纯电动汽车的安静和平稳的加速体验感，同时具有燃油汽车的便利。自发布后，NOTE e-POWER 车型一直受到客户的好评。NOTE 在 2018 年获得日本最畅销汽车称号。

（1）动力传动系统结构

日产 NOTE e-POWER 系统（动力传动系统）结构如图 2-3-5 所示，它采用典型的串联结构，来自动力电池的电能被输送到 e-POWER 的紧凑型动力系统中，车轮仅由电机驱动。该动力系统由汽油发动机、发电机、逆变器和驱动电机组成。在 e-POWER 系统中，汽油发动机没有连接到车轮，发动机只是为动力电池充电。

驱动电机　逆变器　动力电池　汽油发动机（增程器）

⚪ 图 2-3-5　日产 NOTE e-POWER 系统结构

（2）发动机

日产 NOTE e-POWER 搭载的发动机 HR12DE 是一台三缸 1.2L 排量发动机，最大功率 58kW，最大转矩 103N·m。为了改善燃油经济性，在传统 HR12DE 发动机的基础上做了以下改变。

1）为了提高热效率，将压缩比提升至 12，并采用表面进行等离子喷涂的镜面气缸壁，以及超精珩磨工艺，大大减小了活塞与气缸间的摩擦阻力。

2）为减少能量损失，发动机搭配了废气再循环系统（EGR），并应用米勒循环（对比奥托循环，米勒循环进气门晚闭，将吸入气体部分反流排出；排气门晚开，使做功时间加长）。

3）为减少振动噪声，对发动机滑动表面进行了涂层处理，还在曲轴两端添加了配重，经过反复试验，达到了与四缸发动机接近的振动噪声水平。

（3）动力电池

日产 NOTE e-POWER 搭载了一个容量仅为 1.47kW·h 的锂离子动力电池，重量仅为 40.9kg。锂离子动力电池比铅酸蓄电池或镍氢蓄电池具有更高的能量密度，因此可以在保持相同电容量的同时使尺寸小于后两者。日产锂离子动力电池采用镍钴锰正极材料和叠层结构电芯，实现了高能量密度和高可靠性。该动力电池的正极材料具有层状结构，通过允许存储大量锂离子来提高蓄电能力。叠层结构的电芯冷却性能高，结构简单，节省空间，减小了动力电池组的整体尺寸。得益于高耐用性和可靠性，动力电池可工作约 160000km 或 8 年时间。

（4）驱动电机

日产 NOTE e-POWER 的驱动电机为 EM57 电机，最大功率为 80kW，最大转矩为 254N·m。

（5）产品参数

日产 NOTE e-POWER 参数见表 2-3-3。

表 2-3-3　日产 NOTE e-POWER 参数

| 参数类型 | 参数名称 | 单　位 | 类型/数值 |
|---|---|---|---|
| 基本参数 | 级别 | — | A0 |
| | 整备质量 | kg | 1250 |
| | 长 | mm | 4165 |
| | 宽 | mm | 1695 |
| | 高 | mm | 1535 |
| | 轴距 | mm | 2600 |
| | 轮距（前轮） | mm | 1470 |
| | 轮距（后轮） | mm | 1475 |
| | 最大功率 | kW | 80 |
| | 最大转矩 | N·m | 254 |
| | 功率/整备质量 | kW/kg | 0.064 |
| | 转矩/整备质量 | N·m/kg | 0.2032 |

| 参数类型 | 参数名称 | 单　位 | 类型/数值 |
|---|---|---|---|
| 动力电池参数 | 类型 | — | 锂离子 |
| | 电压 | V | 292 |
| | 电量 | kW·h | 1.47 |
| | 电量/整备质量 | kW·h/kg | 0.001 |
| 发动机参数 | 类型 | — | 三缸汽油发动机 |
| | 最大功率 | kW | 58 |
| | 排量 | L | 1.2 |
| | 功率/整备质量 | kW/kg | 0.046 |
| 变速器 | 类型 | — | 单级变速器 |
| 动力性参数 | 最高车速 | km/h | 158 |
| | 0—100km/h 加速时间 | s | 10.4 |
| 经济性参数 | 百公里综合油耗 | L/100km | 3.4 |
| | 纯电动续驶里程 | km | — |
| | 综合续驶里程 | km | 1300 |

（6）控制策略

除了驱动电机提供平稳的驱动力外，NOTE e-POWER 应用先进的控制技术管理发动机的运行，提供安静的驾驶体验。在市区以低速到中速行驶时，电机仅由动力电池驱动；当驾驶人放开加速踏板进行减速时，再生制动被激活，对动力电池进行充电；在高速行驶时，增程系统产生电能驱动电机并为动力电池充电；当需要急加速时，电机将增程器产生的电能和动力电池产生的电能联合起来驱动车辆；在容易产生噪声的崎岖道路上行驶时，发动机会高效运转以在短时间内为动力电池充电，也就是说，在崎岖不平的路面上，发动机噪声会被来自路面的噪声所掩盖。

（7）驾驶模式

NOTE e-POWER 共有三种驾驶模式：Normal、S 和 Eco。在 Normal 模式下，该车有出色的加速性能，制动力（抬起加速踏板）也与传统汽油动力车型相当。在 S 模式下，加速更快，制动力更强。在 Eco 模式下，通过调节动力电池电量进入节油模式。

（8）销售情况

NOTE e-POWER 上市一年半，销量一路上涨，成为当时最受日本消费者欢迎的增程式电动汽车。2017 年全年和 2018 年上半年，NOTE e-POWER 在日本的销量分别约为 9.72 万辆和 5.13 万辆。截至 2021 年，配备 e-POWER 系统的汽车累计销量超过 50 万辆。

## （二）国内典型增程式电动汽车产品

### 1. 理想 ONE

2019 年 4 月 10 日，理想汽车旗下首款车型理想 ONE 上市，该车型采用较为复杂的增程动力系统。理想 ONE 采用前后双电机四驱模式，选用 40.5kW·h 的三元锂电池作为动力电池，增程器采用 1.2T 三缸汽油发动机 + 高效发电机，燃油箱容积 45L，纯电动续驶里程 180km，综合续驶里程可达 800km。在性能方面，该车的 0—100km/h 加速时间为 6.5s，车速最高可达 172km/h。

（1）动力传动系统结构

理想 ONE 的动力传动系统结构如图 2-3-6 所示，主要由前后电机、动力电池组、发动机以及燃油箱等组成。理想 ONE 前后轴都布置有驱动电机，能够实现四轮驱动。发动机和前轴电机横置在前机舱内，且在半轴之前。发动机的燃油箱被布置在动力电池组和后轴之间。该车的动力电池组与主流的电动汽车一样，布置在中央地板下方，动力电池组采用模块化设计。

● 图 2-3-6　理想 ONE 动力传动系统结构

（2）发动机

理想 ONE 搭载的是东安汽车动力的三缸涡轮增压 1.2L 排量直喷汽油发动机，型号为 DAM12TL，额定功率 85kW，最大转矩 174N·m，最大功率 96kW，最大功率转速 5500r/min。同时，该发动机还采用了轻量化技术、双可变气门正时（Variable Valve Timing，VVT）技术、NVH 优化设计、单级紧耦合三元催化转化设计，以及偏置曲柄机构、轻量活塞连杆、低弹力气门弹簧、超薄低张力活塞环等技术。

（3）动力电池

理想 ONE 使用的动力电池是三元锂电池（型号 523NCM），电容量为 40.5kW·h，可用电容量是 38.5kW·h，纯电动续驶里程 180km。动力电池冷却方式是液冷，并采用空调 PTC 制热方式为动力电池加热，直流快充（充电功率 60kW）模式下，30min 能充电 80%，交流慢充（充电功率 7kW）模式下，6h 充满。

（4）驱动电机

理想 ONE 的前电机选用一款最大功率 100kW、最大转矩 240N·m 的永磁同步电机，后电机选用一款最大功率 140kW、最大转矩 290N·m 的永磁同步电机。

（5）产品参数

理想 ONE 参数见表 2-3-4。

表 2-3-4　理想 ONE 参数

| 参数类型 | 参数名称 | 单　位 | 类型/数值 |
|---|---|---|---|
| 基本参数 | 级别 | — | 中大型 SUV |
| | 整备质量 | kg | 2300 |
| | 长 | mm | 5020 |
| | 宽 | mm | 1960 |
| | 高 | mm | 1760 |
| | 轴距 | mm | 2935 |
| | 轮距（前轮） | mm | 1652 |
| | 轮距（后轮） | mm | 1672 |

| 参数类型 | 参数名称 | 单　位 | 类型/数值 |
|---|---|---|---|
| 驱动电机参数 | 类型 | — | 永磁同步电机 |
| | 最大功率 | kW | 240 |
| | 最大转矩 | N·m | 530 |
| | 功率/整备质量 | kW/kg | 0.104 |
| | 转矩/整备质量 | N·m/kg | 0.230 |
| 动力电池参数 | 类型 | — | 三元锂 |
| | 电压 | V | 350.4 |
| | 电量 | kW·h | 38.5 |
| | 电量/整备质量 | kW·h/kg | 0.017 |
| 发动机参数 | 类型 | — | 三缸汽油发动机 |
| | 最大功率 | kW | 96 |
| | 排量 | L | 1.2 |
| | 功率/整备质量 | kW/kg | 0.042 |
| 变速器参数 | 类型 | — | 固定齿比变速器 |
| 动力性参数 | 最高车速 | km/h | 172 |
| | 0—100km/h 加速时间 | s | 6.5 |
| 经济性参数 | 百公里综合油耗 | L/100km | 8.1 |
| | 纯电动续驶里程 | km | 180 |
| | 综合续驶里程 | km | 800 |

（6）热管理系统

对温度非常敏感的锂离子动力电池，只有在适宜的温度区间（25~30℃）才能发挥最佳的充放电性能。理想 ONE 的热管理系统经过多轮性能验证、严苛测试和持续调优，可以最大限度地保证动力电池组的高性能状态，并最终实现续驶里程在 -10℃仅衰减 5%、-20℃衰减 7% 的优异表现。

多向流量控制阀是理想 ONE 的热管理系统的亮点之一。理想 ONE 搭载了可靠性与耐久性都大幅提升的多向流量控制阀。这个小巧的核心零件使增程器、动力电池组和空调三套循环系统间的热量得到精确传导和利用。多向流量控制阀可以精确地按比例开闭，与传统电动汽车比较，理想 ONE 实现了在低温环境下能量的高效利用。例如，增程器的余热可以为动力电池补偿温度，进而提高效率。而在很多传统电动汽车上，动力电池组、电机与空调的热管理相对独立，大量热量最终被大气带走而浪费。

在理想 ONE 的热管理系统中，小到多向流量控制阀、冷却液泵，大到空调压缩机、前端冷却模块上的散热风扇，都能通过整车控制器（Vehicle Control Unit，VCU）实现功率无级调节，以帮助动力电池、增程器、电机工作在最适宜的温度，进而实现较高的行驶效率。较高的设计与制造水准，在保证动力系统在数十种热管理策略间无缝切换的同时，还能提供全面的驾乘体验。

（7）销售情况

2021 年，理想 ONE 全年销量 90491 辆（图 2-3-7），同比增长 172.9%，2021 年销量更是排在中大型 SUV 中的第一名。进入 2022 年以来，理想 ONE 的市场表现持续向好。

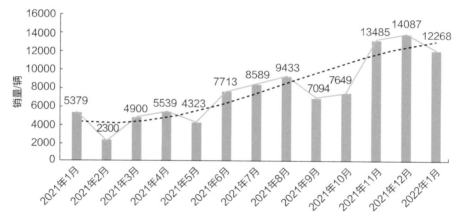

◎ 图 2-3-7　2021 年 1 月—2022 年 1 月理想 ONE 月销量

## 2. 岚图 FREE

2021 年 6 月，岚图 FREE 正式上市。该车配备 1.5T 发动机，燃油箱容积为 56L，综合功率达到 510kW。该车采用了前后双电机四驱模式，电机总转矩可达 1040N·m，百公里加速时间只需 4.5s。动力电池为 33.0kW·h 的三元锂电池，纯电动续驶里程为 140km，综合续驶里程可以达到 860km。

（1）动力传动系统结构

岚图 FREE 的动力传动系统结构如图 2-3-8 所示，发动机与发电机位于车辆前部，前后轴分别布置了一台驱动电机，动力电池组布置在中央地板下方，燃油箱布置在动力电池组后方。

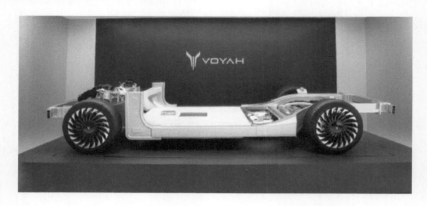

◔ 图2-3-8　岚图 FREE 动力传动系统结构

（2）发动机

岚图 FREE（增程版）搭载了一台采用阿特金森循环、热效率高达 41.07% 的东风 C15TDR 系列 1.5T 四缸发动机，最大功率为 80kW，缸体和缸盖为铝合金材料，同时集成了 350bar（35MPa）高压喷射系统、高滚流比进气道和高压缩比燃烧室、高压冷却 EGR 等技术，滚流比相比上一代机型提升了 21%，废气再循环率达到了 20%。同时，集成式排气、电控可变排量机油泵等技术也都应用在该型发动机上。

（3）动力电池

岚图 FREE（增程版）配备电容量为 33kW·h 的三元锂电池，普通充电模式下充满电需要 3.75h，而快充至 80% 电量只需要 0.75h。在动力电池安全技术上，岚图自主开发了一套主/被动安全综合技术解决方案，具体包括"三维隔热墙"技术、动力电池包五层安全防护和岚图专属云电池管理系统。为了应对热失控风险，岚图开发了"三维隔热墙"技术：每个电芯都被全方位包裹，"三维隔热墙"将电芯彼此分隔开来，形成了高效的隔热阻燃绝缘防护层。简单理解，"三维隔热墙"为每个电芯量身定制了独立安全舱，即便单个电芯起火，也不会波及周围电芯。

被动安全防护方面，岚图采用动力电池包五层安全防护，包括定制化开发车身防护、高强度框架、压力传递、形变吸能和电芯双保险等核心技术。岚图 FREE 在车身关键部位应用了大量 1500MPa 和 2000MPa 超高强度热成型钢，用来提升车身防护能力。动力电池包外壳采用高强度铝合金框架、带多条加强筋的特殊设计，以提升结构强度。在动力电池包内部，岚图还设计了加强梁（两横一纵），用来分解和吸收外界碰撞能量，使电芯免遭伤害。

除此之外，岚图还为动力电池包预留了超过 30mm 的形变吸能空间。车辆在遭受猛烈撞击时，高效的形变吸能设计可防止电芯遭受损伤，尽可能降低热失控风险。防爆阀和熔断装置是最后一道"结构保险"。如果有极端的撞击侵入（例如针刺），电芯发生短路或电芯内压力增加，则双保险机制能够立即切断短路回路，释放额外压力，确保电芯不起火、不爆炸。

一般而言，传统车端电池管理系统只能提供单车数据计算和 3~5 天的短期信息存储。岚图云电池管理系统则可以同时在线服务数以百万计的车辆，实现了 1s 内响应 95% 的请求，并能对 PB 级别数据进行分析和永久存储，数据可靠性达 99.99%。

岚图云电池管理系统配有深度神经网络算法模型，可根据动力电池的历史运行工况和故障情况，探测故障隐患，实现关键故障预测。岚图官方表示，这套系统可以提前 2h 提示冒烟、起火、爆炸等关键故障，提前一周预警电池内短路、欠电压等故障。

（4）驱动电机

岚图 FREE（增程版）前后电机是相同的，均为交流异步电机，综合最大功率为 510kW，综合最大转矩可达 1040N·m。

（5）产品参数

岚图 FREE（增程版）参数见表 2-3-5。

表 2-3-5 岚图 FREE（增程版）参数

| 参数类型 | 参数名称 | 单 位 | 类型/数值 |
|---|---|---|---|
| 基本参数 | 级别 | — | 中大型 SUV |
| | 整备质量 | kg | 2290 |
| | 长 | mm | 4905 |
| | 宽 | mm | 1950 |
| | 高 | mm | 1660 |
| | 轴距 | mm | 2960 |
| | 轮距（前轮） | mm | 1654 |
| | 轮距（后轮） | mm | 1647 |
| 驱动电机参数 | 类型 | — | 交流异步电机 |
| | 最大功率 | kW | 510 |
| | 最大转矩 | N·m | 1040 |
| | 功率/整备质量 | kW/kg | 0.223 |
| | 转矩/整备质量 | N·m/kg | 0.454 |
| 动力电池参数 | 类型 | — | 三元锂 |
| | 电压 | V | 345.6 |
| | 电量 | kW·h | 33 |
| | 电量/整备质量 | kW·h/kg | 0.014 |
| 发动机参数 | 类型 | — | 4 缸汽油发动机 |
| | 最大功率 | kW | 80 |
| | 排量 | L | 1.5 |
| | 功率/整备质量 | kW/kg | 0.035 |
| 变速器参数 | 类型 | — | 固定齿比变速器 |
| 动力性参数 | 最高车速 | km/h | 200 |
| | 0—100km/h 加速时间 | s | 4.5 |
| | 纯电动续驶里程 | km | 140 |
| | 综合续驶里程 | km | 860 |

（6）控制策略

岚图 FREE 有着先进的增程控制逻辑和严苛的测试保障。以用户最佳体验为核心的增程控制逻辑，可以从实际场景出发，根据整车剩余电量和车速进行增程介入判断，智能调节增程器工作模式，提升油耗表现，解决用户里程焦虑。超 300 万 km 的严苛耐久路测及油电切换策略测试，使车辆能够选择最合理的油电切换逻辑。为了实现较高的充电效率和整车 NVH，还对不同驾驶模式进行了不同的逻辑处理比对，这样既能确保增程系统的可靠性和稳定性，又能保障动力电池的耐久性及寿命。

（7）轻量化

在轻量化方面，岚图 FREE 轻量化系数达到 2.93。在焊接方面，岚图 FREE 的整车焊接几乎全部由自动化机器人完成，焊接自动化率高达 99%。其中，车门窗框处和顶盖采用了激光焊技术，相较于传统点焊工艺，激光焊可以减少焊接板料的使用，这使得岚图 FREE 车身轻量化效果明显。在车身用材方面，岚图 FREE 高强度钢占比达到 75%。

岚图初步形成钢铝混合材料的车身设计理念，并不断优化铝合金、镁合金、高强度钢的应用，在合适的位置使用合适的材料。岚图也逐步应用了 SPR、FDS、Clinch<sup>⊖</sup> 等机械连接技术，以及阿普拉斯焊、激光拼焊、激光钎焊等连接技术；在工程软件的应用方面，SFE 参数化建模、灵敏度分析、拓扑优化、多目标参数优化也将岚图的轻量化和性能提升到较高的水平；此外，岚图采用精细化的结构设计，使得车身维持高性能的同时，轻量化技术也达到先进水平。

（8）销售情况

岚图 FREE 有增程版和纯电动版车型，图 2 - 3 - 9 所示为 2021 年 8 月—2022 年 2 月岚图 FREE 月销量。

---

⊖ 常用机械连接工艺，SPR 是自冲铆接，FDS 是热熔自攻螺纹，Clinch 是无铆连接。

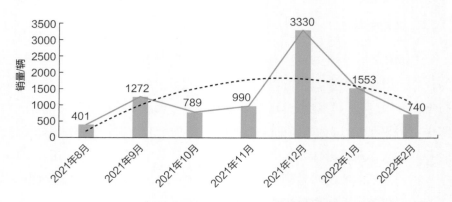

△ 图2-3-9　2021年8月—2022年2月岚图FREE月销量

### 3. 赛力斯SF5

2021年4月，华为与赛力斯联合打造的赛力斯SF5在第十九届上海国际汽车展览会上正式上市。该车装有1.5T四缸发动机和56L的燃油箱，电机总转矩为520N·m，四驱版百公里加速时间仅为4.68s；配备35kW·h的三元锂电池，纯电动续驶里程180km，综合续驶里程达1020km。

（1）动力传动系统结构

赛力斯SF5动力传动系统结构如图2-3-10所示，前轴布置了一台交流异步电机，后轴布置了一台永磁同步电机，前部的增程器和电机结构紧凑，整车重心位于前轴附近；从车身中部开始依次是动力电池、燃油箱、副车架、悬架以及后轴电机，核心部件基本以纵向水平的布局安置。

△ 图2-3-10　赛力斯SF5动力传动系统结构

（2）发动机

赛力斯 SF5 采用的是一台排量为 1.5L 的四缸涡轮增压发动机，最大功率为 82kW。该发动机采用多点电喷技术，每个气缸有 4 个气门，缸盖材料为铝合金，可以使用 92 号汽油。

（3）动力电池

赛力斯 SF5 增程版采用了三元锂电池方形 CTP 动力电池组，额定电量为 34.56kW·h，动力电池包重量为 247kg，能量密度达到 139W·h/kg，冷却方式采用液冷，防护等级达到 IP67 级。这种方形 CTP 动力电池组具有高安全、可扩展以及集成化的优势。

1）高安全：对电池组内全部电芯进行温度监控，定向隔热，定向导热，保温防热冲击，热失控主动排气、降温、不起火，并对电池组进行了高标准测试，包括挤压、振动、冲击安全测试。此外，赛力斯 SF5 的动力电池包还使用了双层绝缘设计，提高了泡水安全，且内置了压力监控传感器。

2）可扩展：赛力斯 SF5 采用的三元锂电池方形 CTP 电池组在长度尺寸部分兼容性很高，标准和非标准都可兼容。除此之外，它的宽度兼容性也不错，单排、双排及三排等都可兼容。这样的设计，使得它可以兼容 20 种以上的主流厂家电芯规格。

3）集成化：该三元锂电池方形 CTP 电池组采用了采集线、熔丝、温度监控集成一体化设计，液冷/加热也使用了集成一体化设计。

在安全管理部分，赛力斯 SF5 增程版的动力电池包也有着很多特点，例如主动降温、定向隔热功能电池组、精确控制泄压防漏、主动报警早期探测、主动控制能量域等。

（4）驱动电机

前桥使用赛力斯 SEP200 交流异步电机，最大功率可达 255kW，最大转矩 520N·m；后桥为华为 DriveONE 三合一电驱动系统，该系统配备永磁同步电机，最大功率 150kW，最大转矩 300N·m；系统协同工作综合功率输出最高可达 405kW，最大转矩 820N·m。DriveONE 是华为开发的业界首款超融合架构的动力域解决方案，集成了电机控制单元（Motor Control Unit，MCU）、电机、减速器、车载充电机（On-Board Charger，OBC）、DC/DC 变换器、电源分配单元（Power Distribution Unit，PDU）及电池管理系统主控单元（BCU）七大部件。该系统相比传统的三合一电驱系统，体积减小20%，重量减轻15%，降低了开发成本，整车前后驱适配。

（5）产品参数

赛力斯SF5（四驱版）参数见表2-3-6。

表2-3-6 赛力斯SF5（四驱版）参数

| 参数类型 | 参数名称 | 单 位 | 类型/数值 |
|---|---|---|---|
| 基本参数 | 级别 | — | 中型SUV |
| | 整备质量 | kg | 2350 |
| | 长 | mm | 4700 |
| | 宽 | mm | 1930 |
| | 高 | mm | 1625 |
| | 轴距 | mm | 2875 |
| | 轮距（前轮） | mm | 1655 |
| | 轮距（后轮） | mm | 1650 |
| | 最大功率 | kW | 405 |
| | 最大转矩 | N·m | 820 |
| | 功率/整备质量 | kW/kg | 0.172 |
| | 转矩/整备质量 | N·m/kg | 0.349 |
| 动力电池参数 | 类型 | — | 三元锂 |
| | 电压 | V | 360 |
| | 电量 | kW·h | 35 |
| | 电量/整备质量 | kW·h/kg | 0.015 |
| 发动机参数 | 类型 | — | 4缸汽油发动机 |
| | 最大功率 | kW | 82 |
| | 排量 | L | 1.5 |
| | 功率/整备质量 | kW/kg | 0.035 |
| 变速器参数 | 类型 | — | 固定齿比变速器 |
| 动力性参数 | 最高车速 | km/h | 210 |
| | 0—100km/h加速时间 | s | 4.68 |
| | 纯电动续驶里程 | km | 180 |
| | 综合续驶里程 | km | 1020 |

（6）轻量化

赛力斯SF5采用轻量化铝合金底盘，前悬架采用上下双球头双叉臂结构，大面积采用铝合金材质，后悬架采用梯形多连杆，H臂同样采用铝材结构，底盘轻量化带来了良好的操纵稳定性。同时，赛力斯SF5增程版使用的三元锂电池方形CTP电池组也降低了整车重量。它采用了新线束工艺，较传统线束工艺减少插接件数量50%，降低重量30%。此外，它还正确使用低密度高强度铝型材和高强度钢，重量相比传统车型减少18%；它还使用了高分子材料达成结构，满足热安全设计要求，相比传统重量减少23%；由于使用了多功能复合零件设计，零件数量减少，也大大降低了动力电池包的整体重量。

（7）驾驶模式

赛力斯SF5将驾驶模式细分成四个维度，分别是五个行驶模式（经济、舒适、运动、弹射、自由）、四种道路模式（高速、山地、泥地、雪地）、三种转向模式（标准、舒适、运动）和两种制动踏板模式（舒适、运动）。

（8）销售情况

2021年，赛力斯SF5累计销售8169辆，在中型SUV车型中排名第44位。图2-3-11所示为2021年4—12月赛力斯SF5月销量。

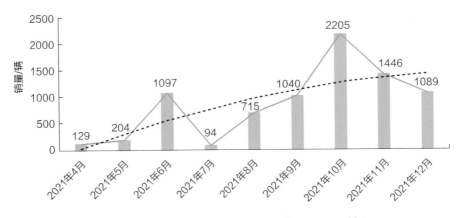

◆ 图2-3-11 2021年4—12月赛力斯SF5月销量

## 二、增程系统架构分析

### （一） 增程式电动汽车结构及原理

由于增加了增程系统，增程式电动汽车可以在纯电动汽车的基础上进一步延长续驶里程。车辆动力的主要来源是车载动力电池组，当其电量降至设定的最低临界值时，动力电池组停止供电，此时动力电池组无法继续为车辆提供动力，因此考虑在车辆上增加一个增程器模块。该模块的功能是通过发动机发电产生电能，从而驱动电机，进而保证车辆的持续运行。当前纯电动汽车普遍存在里程焦虑，增程器模块的设置使整车的能量来源不再单纯依靠车载动力电池组，很好地缓解了里程焦虑问题。

增程式电动汽车动力系统最典型、最常见的结构是串联式。但广义的增程式电动汽车并不局限于串联式结构。首先，具有串并联式结构的某些动力系统，发动机通过驱动发电机产生电流，与动力电池一起驱动电机工作，从而保证车辆持续运行。只有在少数情况下，如高速巡航时，发动机才会直接驱动车轮，此时发动机可以保持在最佳转速区间，并且表现出良好的燃油经济性。其次，对于功率分流式车用动力系统，当电量快要耗尽时，增程发动机驱动主发电机产生电能驱动车辆，从而增加车辆续驶里程。下面分别对串联、串并联以及功率分流增程式电动汽车进行介绍。

#### 1. 串联增程式电动汽车

串联增程式电动汽车动力系统的基本结构如图 2 - 3 - 12 所示，主要由发动机与发电机耦合组成的增程器、动力电池、驱动电机、逆变器和传动系统组成。

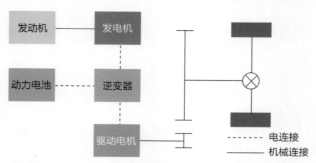

◇ 图 2 - 3 - 12　串联增程式电动汽车动力系统基本结构

在串联增程式电动汽车的动力系统结构中，动力电池提供车辆运行的主要能量。当车辆处于纯电动驱动模式时，发动机停止工作，由动力电池提供车辆运行的全部能量；当动力电池 SOC 值下降到所设置的阈值时，增程器开始工作，驱动电机并为动力电池充电。

### 2. 串并联增程式电动汽车

串并联式动力系统既可以提供串联式动力系统的工作模式，也可以利用离合器来控制发动机参与驱动整车。发电机与发动机固定在一起，向驱动电机供电，进而驱动车辆行驶，并可向动力电池充电。在串联式的基础上，处于高转速状态下的发动机也可直接参与工作，与动力电池同时供能。串并联增程式电动汽车动力系统基本结构如图 2 - 3 - 13 所示。

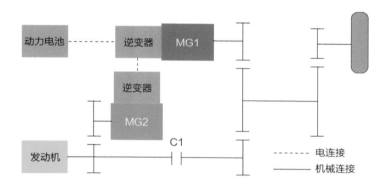

○图 2 - 3 - 13　串并联增程式电动汽车动力系统基本结构

注：图 2 - 3 - 13 ~ 图 2 - 3 - 27 中 MG 指电机，C 指离合器。

### 3. 功率分流增程式电动汽车

功率分流增程式电动汽车动力系统基本结构如图 2 - 3 - 14 所示。该结构同样是由增程器、驱动电机、动力电池等组成。两个驱动电机通过行星齿轮机构驱动车辆。另外，这种结构还包含了三个离合器 C1、C2 和 C3。通过控制这些离合器使电机处于不同的工作状态，从而决定动力系统的工作模式。

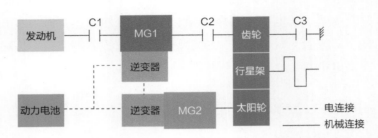

◇ 图2-3-14 功率分流增程式电动汽车动力系统基本结构

## （二） 增程式电动汽车运行模式

### 1. 串联增程式电动汽车

串联增程式电动汽车分为四种运行模式：纯电动行驶模式、增程模式、混合驱动模式以及再生制动模式。

（1） 纯电动行驶模式

当动力电池电量充足时，增程器不工作，车辆处于纯电动行驶模式，由动力电池提供全部动力。纯电动行驶模式的能量传递路线如图2-3-15所示，此时车辆相当于纯电动汽车。当车辆处于该工作模式时，动力电池需要提供车辆行驶各阶段的所有动力，不仅要满足车辆的起步、加速、爬坡和怠速阶段要求，还要给汽车空调等用电设备供电。

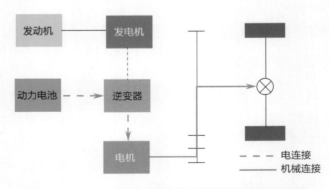

◇ 图2-3-15 纯电动行驶模式能量传递路线示意图

（2）增程模式

当动力电池 SOC 值降低至设定的阈值时，车辆进入增程模式。增程模式的能量传递路线如图 2 - 3 - 16 所示。此时由发动机和发电机耦合的增程器开始工作，并且发动机根据制定的控制策略运行在最佳工况点，驱动发电机发电，产生的电能一部分用于满足车辆行驶所需能量。当增程器提供的电能大于车辆行驶所需能量时，根据控制策略，多余的电能为动力电池充电，这样发动机就可以保持在最佳工况点运行。

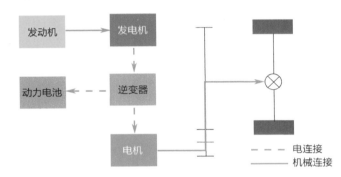

◎图 2 - 3 - 16　增程模式能量传递路线示意图

（3）混合驱动模式

在车辆行驶过程中，可能会出现整车需求功率较大的情况，如爬坡、加速等工况。当动力电池能够提供的电能无法满足车辆运行的能量需求时，增程器工作，与动力电池共同驱动电机，保持车辆运行。混合驱动模式能量传递路线如图 2 - 3 - 17 所示。

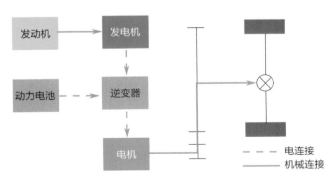

◎图 2 - 3 - 17　混合驱动模式能量传递路线示意图

**（4）再生制动模式**

当车辆处于制动或减速滑行工况时，电机进行能量回收，给动力电池充电。再生制动模式能量传递路线如图 2-3-18 所示。

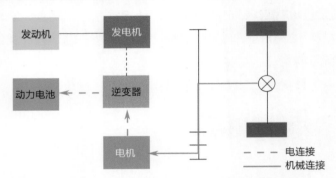

发动机 —— 发电机

动力电池 ◁--- 逆变器

电机

- - - - 电连接
———— 机械连接

● 图 2-3-18 再生制动模式能量传递路线示意图

**2. 串并联增程式电动汽车**

串并联增程式电动汽车分为四种运行模式：纯电动运行模式、串联运行模式、并联运行模式以及再生制动模式。

**（1）纯电动运行模式**

当发动机不工作、离合器 C1 断开时，动力系统处于纯电动运行模式。此时，动力电池驱动电机，提供车辆行驶的全部能量。纯电动工作模式能量传递路线如图 2-3-19 所示。

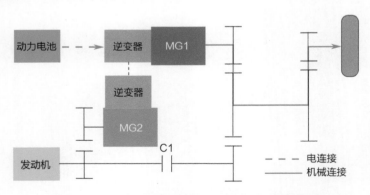

动力电池 ---▷ 逆变器 MG1

逆变器

MG2

发动机 C1

- - - - 电连接
———— 机械连接

● 图 2-3-19 纯电动工作模式能量传递路线示意图

（2）串联运行模式

当发动机工作、离合器 C1 断开时，动力系统处于串联运行模式。此时，发动机通过发电机驱动电机，动力电池辅助发动机平衡负载。当增程器提供的能量无法满足电机所需动力时，动力电池提供缺少的能量；当增程器提供的能量超过了电机的需求时，多余的能量存入动力电池。电机能量来源除了动力电池外，还有发动机通过发电机提供的电能。串联工作模式能量传递路线如图 2 - 3 - 20 所示。

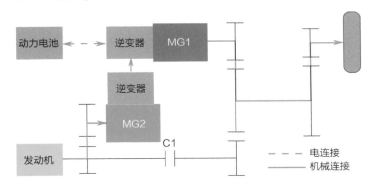

◎ 图 2 - 3 - 20　串联工作模式能量传递路线示意图

（3）并联运行模式

当发动机工作、离合器 C1 接合时，动力系统处于并联运行模式。此时，发动机直接驱动车辆，动力电池辅助发动机平衡负载。电机的功能是辅助发动机驱动或回收能量存入动力电池。并联工作模式能量传递路线如图 2 - 3 - 21 所示。

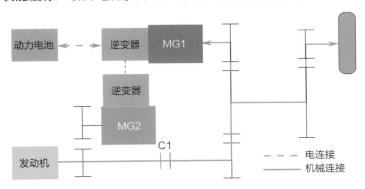

◎ 图 2 - 3 - 21　并联工作模式能量传递路线示意图

(4) 再生制动模式

当车辆处于制动或减速滑行工况时，离合器 C1 断开，电机进行能量回收，给动力电池充电。再生制动模式能量传递路线如图 2-3-22 所示。

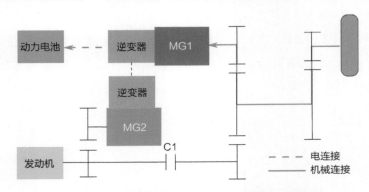

◎图 2-3-22　再生制动模式能量传递路线示意图

### 3. 功率分流增程式电动汽车

功率分流增程式电动汽车的工作模式可分为纯电动模式和增程模式。由于该类车具有图 2-3-23 所示的特殊结构，在纯电动、增程模式下，又可以进一步可划分为低速、高速行驶模式。

(1) 低速纯电动模式

在此模式中，离合器 C3 结合，离合器 C1 和 C2 分离，行星齿轮机构的齿圈锁止。发动机和发电机不工作，主驱动电机提供车辆所需的全部驱动转矩。低速纯电动模式能量传递路线如图 2-3-23 所示。

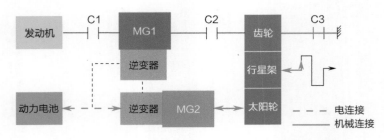

◎图 2-3-23　低速纯电动模式能量传递路线示意图

（2）高速纯电动模式

在此模式中，离合器 C2 结合，离合器 C1 和 C3 分离。此时，MG1 以电动机的形式工作，与主驱动电机 MG2 共同提供动力。这种方式提高了整个驱动系统的效率，能在车辆高速行驶时提供更多的行驶里程。高速纯电动模式能量传递路线如图 2-3-24 所示。

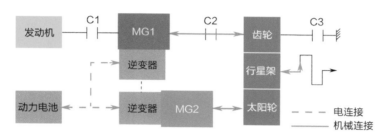

◎ 图 2-3-24　高速纯电动模式能量传递路线示意图

（3）低速增程模式

当动力电池 SOC 值低于根据能量管理策略制定的 SOC 最小值时，车辆进入低速增程模式。在车速较低时，离合器 C1、C3 结合，离合器 C2 分离。此时，主驱动电机 MG2 提供车辆行驶的全部动力；MG1 作为发电机工作，发动机带动 MG1 发电，使动力电池始终保持在最小荷电状态，待停车后使用电网为动力电池充电。增程器和动力电池共同为主驱动电机提供电能，驱动车辆前进。低速增程模式能量传递路线如图 2-3-25 所示。

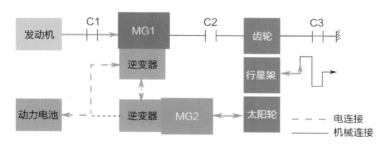

◎ 图 2-3-25　低速增程模式能量传递路线示意图

（4）高速增程模式

此时，离合器 C1、C2 结合，离合器 C3 分离。为提高效率，MG1、MG2

均参与工作。发动机带动 MG1 工作，一方面发电，另一方面通过发电机驱动车辆。与混合动力汽车不同的是，发动机可输出少量能量驱动车辆。高速增程模式能量传递路线如图 2 - 3 - 26 所示。

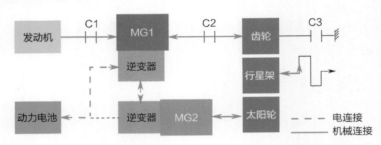

○ 图 2 - 3 - 26　高速增程模式能量传递路线示意图

（5）再生制动模式

此模式下，离合器 C3 闭合，离合器 C1、C2 分离，由于齿圈固定，太阳轮随着行星架转动，驱动电机作为发电机对动力电池充电，从而将机械能转化为电能，实现能量回收。再生制动模式能量传递路线如图 2 - 3 - 27 所示。

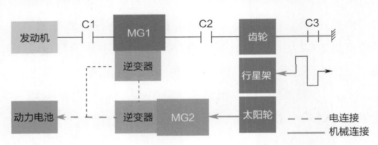

○ 图 2 - 3 - 27　再生制动模式能量传递路线示意图

## 三、增程器技术发展

### （一）增程器需求和工作原理

#### 1. 增程器需求

纯电动汽车行驶时的能量来源为动力电池组储存的电能，由于动力电池组能够储存的能量有限，充满一次电的续驶里程大约为几百千米，消费者需要经常花较长时间排队充电，尤其是无法满足有长途行驶需求、经常行驶于高速公路的消费者。因此，纯电动汽车的里程焦虑是一个亟待解决的问题。另外，充电基础设施建设的不足，是另一个需要解决的难题。中国电动汽车充电基础设施促进联盟给出的数据显示，截至 2021 年年底，我国车桩比为 3∶1。由于新能源汽车保有量的大幅增加，为了维持或降低车桩比，充电桩规模还需要大幅增加，然而充电桩运营投入大、收益低，运营商将面临很大压力。根据交通运输部数据，2021 年全国高速公路充电桩保有量为 10836 个，配置充电桩服务区为 2318 个，平均每个服务区仅能同时为 4.6 辆车充电，高速公路上的里程焦虑问题更加严重。

增程式电动汽车应运而生。与纯电动汽车相比，在车辆上增加一个增程器模块，该模块的功能是通过自身发电，将各种形式的能源转化为电能驱动车辆，从而保证车辆继续行驶。最典型的增程器是将发动机和发电机耦合，并与车轮解耦，以使发动机充分发挥燃油经济性为准则，确定发动机工作时提供的能量。当动力电池电量充足时，汽车以纯电动模式行驶；当动力电池电量不足时，增程器开始工作，发动机驱动发电机向动力电池充电或直接驱动电机，从而大幅提高续驶里程。因此，增程器的性能对整车的性能有着至关重要的影响。

### 2. 增程器工作原理

增程器包括发电装置和辅助能量存储装置，根据增程器与汽车的安装关系，即增程器的安装位置，增程器可分为车载式、挂车式和插拔式三种。

（1）车载式增程器

车载式增程器是目前使用最多的增程器。车载式增程器就是将增程器固定在车辆上，与车辆上的动力系统固定在一起。这种类型的增程器布置灵活，可有效利用车辆空间，且增程器固定，避免了预估车辆行驶距离，根据行驶距离拆卸、安装增程器等繁琐操作，以及由预估带来的不确定性。

（2）挂车式增程器

使用挂车式增程器需要预估行驶距离，判断属于长距离还是短距离。如果预估为长距离，则将增程器安装在拖车上，增程器适时参与工作；如果预估为短距离，则从拖车上拆下增程器，此时相当于一辆纯电动汽车。这种类型的增程器实用性不是很强，主要应用于室内场馆车。挂车式增程器的输出功率可以依据实际需要进行设计，并且可以灵活适用于多种辅助燃料。但是由于需要根据行驶距离从拖车上安装或拆卸增程器，其使用灵活性较差。可安装增程器的拖车的重量和体积都比较大，转弯、倒车等比较困难。增程器是否参与工作建立在预估行驶距离的基础上，因此预估不准或突发性事件都会给驾驶人带来很大的不便，限制了驾驶的自由度。

（3）插拔式增程器

插拔式增程器需要将增程系统模块，包括控制器和 DC/DC 变换器集中在一起，做成一个方便拆卸的独立单元。插拔式增程器是否参与工作也是依据车辆行驶距离确定的。与挂车式增程器不同的是，短距离行驶时可直接将插拔式增程器从车辆上拆卸下来，此时相当于一辆纯电动汽车；长距离行驶时，将增程器模块通过机械及电气接口与整车动力系统相连，增加续驶里程。插拔式增程器可根据实际需要随时拆卸或安装，使用更加灵活。插拔式增程器在设计时需要考虑与动力部件及传动系统的匹配，在匹配的基础上要求的控制策略非常复杂，还需要同时考虑振动噪声等问题，因此设计难度很大。

增程器可以在行驶过程中利用不同形式的能源转化成电能，从这个角度来看，增程器可以有很多种类型，发展空间非常大。它可以是一台以传统汽油、柴油为燃料的内燃机，也可以使用一些新型能源燃料，如生物汽油、液态氢等，还可以是燃料电池，如氢燃料电池、甲醇燃料电池。

目前应用最多、技术相对成熟的是发动机/发电机类型的增程系统，发动机包括但不限于传统汽油发动机、转子发动机、自由活塞式发动机等，除此以外，汽油发动机还可以用代用燃料发动机、燃料电池等替换。

## （二） 典型增程器

### 1. 传统汽油增程器

（1）FEVcom 系统

德国 FEV 公司和德国 KSPG 公司联合开发了一款适用于串联增程式电动汽车的增程系统。该增程系统采用的是 V 型双缸火花点火（SI）发动机和分离式发电机。其第一级惯性力的全面平衡通过平衡块来解决，因此水平位置上（立式曲轴）的位移较小，而且发动机的高度较低，这是发动机选择90°气缸夹角技术路线的决定性因素。发动机与两台高效永磁同步电机（PMSM），以及一套共用的冷却回路一起集成为一个模块，连同低噪声齿轮传动装置构成了一个整体，合称FEVcom系统。

该增程模块可提高车辆的续驶里程，同时不会影响其宁静的巡航特征。因此，其最重要的开发目标之一是控制噪声，这里主要指来自于内燃机的气体冲击和质量惯性造成的噪声。这些因素将导致模块的刚体运动和结构变形，然后激发车体产生空气和结构振动噪声。气体和（质量）惯性力造成的转矩波动，会引起增程模块滚动惯量的加速度，并产生反应性力矩，导致增程模块围绕曲轴的轴心旋转。在传统的发动机设计中，滚动力矩必须通过发动机悬置系统抵消，通过悬置系统传到整车上。FEVcom系统通过曲轴和发电机之间的一套刚性齿轮传动机构运行，并使发动机和发电机的旋转惯量得到协调，使得反应性力矩直接在系统内抵消，对发动机悬置没有影响。这一系统有效地补偿了增程模块的滚动力矩。

（2）东安动力DAM12TL

东安动力在深入研究国六排放等政策后，开发出一系列适用于增程器的发动机。东安动力独立自主研发的1.2TGDI发动机，型号为DAM12TL，于2015年2月首次点火成功，其技术特点参见前文关于理想ONE发动机的介绍。在这些技术支撑下，最终能够满足一系列排放标准和政策。

DAM12TL增程专用发动机已经在理想ONE增程式电动汽车上实现了应用。理想ONE动力电池容量为40.5kW·h，拥有高达5.5倍的放电倍率。电机能提供240kW的峰值功率，动力电池组能够提供的功率为220kW，因此增程器的功率只要能达到20kW，就可以达到3.0T发动机的性能。为了平衡能耗和NVH性能，该增程器的最佳转速区间为1200～4000r/min。由于没有变速器和各种差速器穿过驾驶舱，可以通过机舱内的发动机减振模块很容易地控制增程器的振动。

### 2. 自由活塞式发动机增程器

与传统发动机不同，自由活塞式发动机的设计中减少了曲轴。没有了曲轴的束缚，活塞可以在气缸中自由运动，且不受固定的压缩比限制。自由活塞式发动机的结构布置更加灵活，这样可以广泛适用于不同的燃料与新燃烧模式。自由活塞式发动机增程器具有体积小、重量轻和热效率高的优点，可以应用于增程器的开发设计，受到新能源汽车企业的广泛关注。根据活塞的不同布置形式，将自由活塞式发动机分为三种基本结构形式：单活塞式、双活塞式和对置活塞式。

（1）单活塞自由活塞式发动机

单活塞自由活塞式发动机的整体结构如图2-3-28所示，它包含活塞组件和燃烧室两部分，工作时其归位装置与负载为相同的装置。单活塞自由活塞式发动机的可控性较强，其归位装置可以精准控制燃烧室的压缩过程。但是工作时会由于受力不均，呈现非对称状态，因此需要在该结构的基础之上加装一个平衡装置。

◐ 图2-3-28 单活塞自由活塞式发动机结构

（2）双活塞自由活塞式发动机

双活塞自由活塞式发动机结构如图2-3-29所示，它是由两个燃烧室、一个活塞组件组成的。与单活塞自由活塞式发动机不同的是，它没有设计归位装置。该类型的装置有两种形式：一种为在两个燃烧室的中间布置一个负载，另一种为在一个燃烧室的两端分别布置两个负载。由于双活塞自由活塞式发动机的装置对负载的敏感性较高，通常适用于循环变化的工作环境。

◐ 图2-3-29 双活塞自由活塞式发动机结构

（3）对置活塞自由活塞式发动机

对置活塞自由活塞式发动机的结构如图2-3-30所示，它是由一个燃烧室和两个活塞组件组成的，其中活塞组件分别位于燃烧室两端，工作时负载可以加载任意一个或两个活塞。由于工作时该发动机受力是均衡的，可以在很大程度上减小装置的振动。

○ 图 2 - 3 - 30　对置活塞自由活塞式发动机结构

　　自由活塞发动机取消了传动装置曲轴和连杆，发动机的工作运动是通过活塞往复运动来实现的，活塞复位是通过空气弹簧运动实现的。自由活塞的一个特点是可以控制活塞在不同止点位置停止，这意味着通过改变活塞的运动规律，就可以实现不同压缩比的转换，从而使发动机适应不同燃料。

　　自由活塞式线性发电机（FPEG）在气缸中直接加入了发电装置，其工作原理与两冲程发动机工作原理相同：在活塞上行时，完成压缩、喷油以及点火；在活塞下行时，完成做功以及换气。通过活塞的运动，与活塞同轴安装的电磁线圈就会做切割磁感线运动，利用电磁感应原理，发电机就会输出感应电动势，经闭合的负载回路产生电流。

　　与目前采用传统发动机发电相比，自由活塞式线性发电机减少了曲柄连杆组的能量传递损失，机械效率更高；此外，结构简单、体积小、重量轻的特点，使设计和制造的成本大大降低，便于在车内布置；同时，由于其压缩比可以自由变化，适用汽油和柴油，提高了发动机对不同燃料的适应性；最后，在气缸中直接加入了发电装置。但由于没有曲轴，油泵、发电机、进气系统等附件都要依赖于电驱动，这无疑增加了技术难度，也添加了成本，因此，将该发动机作为增程器还需实现技术上的突破。

### 3. 转子发动机增程器

　　转子发动机结构相对简单，由于没有曲柄连杆机构，比往复式活塞发动机更为紧凑。转子发动机主要包括转子外壳、三角转子、偏心轴等部件。

（1）工作原理

　　转子外壳在转子发动机中相当于往复式活塞发动机的缸体，其中一侧设置了点火装置，另一侧设置了进气口以及排气口。转子在转子发动机中相当于往复式活塞发动机的活塞，其形状为弧形边缘的三角形，在转子外壳内做偏心旋转运动。转子上设置了凹槽，发动机压缩比的大小就取决于该凹槽的大小。偏心轴在转子发动机中相当于往复活塞式发动机的曲轴，将发动机动力传递出去，转子的偏心旋转运动推动偏心轴旋转。在转子的三个角上，分别布置了一个气封装置，其作用类似于活塞环，起到了密封的作用。为了使转子与其外壳的内壁始终保持密封接触状态，在气封装置底部布置了弹簧片。三角转子的三个曲面将外壳内部的空间划分成三个独立部分，随着转子发动机的工作，转子转动，每个独立部分的容积不停地变化，偏心轴与"8"字形的内壳使转子始终保持偏心旋转，进而完成进气、压缩、做功、排气四个行程的热力循环。

（2）特点

与往复活塞式发动机相比，转子发动机的设计取消了曲柄连杆机构，结构更简单灵活，可直接将可燃气体的燃烧膨胀力转化为驱动转矩。没有曲柄连杆机构，发动机体积、重量大幅度减小，布置更加灵活。由于转子的结构特性，其转速能够达到 10000r/min 以上，且转子旋转时的圆形运动幅度比往复活塞式发动机更加平顺，转矩输出也更均匀；同时，由于没有气门、凸轮轴、摇臂、正时机构等振动噪声源，振动和噪声也较好控制。

当转子发动机作为增程器出现时，其功能是辅助输出功率，不需要一直工作，也不需要以大范围功率工作，只需要保证其在控制策略规定的情况下，处于规定工作区间即可，这样的工作方式有效地提高了转子发动机的寿命。

由于转子发动机的体积小、重量小，且拥有独特的旋转做功模式，工作时的振动也较小，非常符合当前车辆电动化的趋势，在作为增程器时能够很好地控制车辆振动和噪声。

转子发动机具有体积小、布置灵活、工作时较平顺以及功率密度较高的特点，奥迪 A1 e-tron 目前已经将其应用于增程系统。当车辆实际在增程模式下工作时，位于行李舱下面的转子发动机振动较小，相比其他类型的发动机，工作状态还是比较平稳的。

4. 代用燃料增程器

代用燃料指代替汽油或柴油的燃料。这里介绍两种先进的增程式电动汽车用代用燃料。

（1）氨代用燃料发动机

氨由氮、氢元素构成，燃烧后可以实现接近零的 $CO_2$ 排放，它是一种碳中性燃料，由可再生能源，包括水力、风能或太阳能等生产。此外，与碳有关的空气污染物的排放也可基本实现零排放。另一个显著特点是，即使在恶劣的天气条件下，也能在几乎任何燃油或燃油质量的情况下工作，而效率不会降低或只是有限降低，并具有传统二冲程发动机所具有的可靠性和工作特性。

氨与汽油相比，热值较低，但辛烷值较高，增大压缩比可以使发动机热效率提高到50%以上，并且不会产生剧烈爆燃。氨的能量密度比氢气和天然气高，也就是说，在同样条件下，使用氨燃料可以适当减小燃油箱尺寸，从而节约空间，减轻燃料部分的装载重量，可以提高有效装载重量。由于氨燃料可在既有发动机上使用，可利用目前已有的发动机技术，更容易广泛应用。

（2）甲烷代用燃料发动机

甲烷是一种能替代常规燃料的代用燃料，可与天然气以任意比例混合并用于天然气汽车。甲烷具有适宜的C/H混合比例，因此与汽油机相比，同样条件下产生的$CO_2$排放量可降低至少20%。甲烷的抗爆燃性很强，可以改善发动机的效率，并且燃烧时产生的有害物质较少，在以化学计量比运行时几乎测量不到颗粒物排放，汽车的$NO_x$排放也能通过废气后处理装置降低到限值以下。

### 5.燃料电池增程器

燃料电池是一种把燃料所具有的化学能直接转换成电能的化学装置。氢燃料电池用氢气和氧气作为原料，两者结合成水的过程中会放电，产生的电能就是动力来源。由于氢燃料电池反应生成的只有水，从这个角度来讲是非常环保的。

氢燃料电池的工作原理如图2-3-31所示。

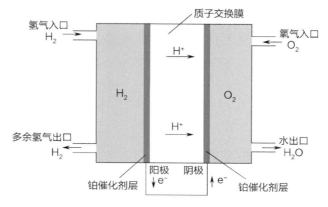

▲ 图2-3-31　氢燃料电池工作原理

氢原子经过催化剂的作用分离出电子，氢原子失去电子后成为氢离子，经过中间的质子交换膜，到达燃料电池阴极板，也就是电池的正极。电子无法穿过质子交换膜，只能通过外部电路到达电池的阴极板，电子的运动在外部电路中就形成了电流。电子到达阴极板后，与穿过质子交换膜的氢离子、阴极板储存的氧原子结合形成水。通过上述原理，只要不停地向阳极板供氢、向阴极板供氧，并及时移除产物水，氢燃料电池就可以一直产生电流，提供电能。

燃料电池发动机是整车动力系统的增程器，动力电池是驱动车辆的主要能源。当动力电池的输出功率无法满足实际需求时，燃料电池增程器开始工作，可以为动力电池充电或驱动车辆，从而增加车辆的续驶里程。

由于燃料电池新技术的研发成本高，并且氢能源储存技术难度大及加氢站基础设施建设成本高，目前仍难以实现大范围推广和使用。

## （三） 增程器控制策略

多数增程式电动汽车与串联式混合动力汽车的动力系统控制策略类似，在动力系统结构中，发动机没有设计驱动车轮的机械连接部分，因此发动机能独立于车况工作，可以将发动机控制在经济转速区间内。为制定合理的控制策略，必须综合考虑共同工作的传动系统、动力电池组、辅助动力单元。

增程式电动汽车的运行一般包括两个阶段，分别为电量消耗（CD）阶段和电量维持（CS）阶段。从 SOC 初始值开始的 CD 阶段，增程式电动汽车充分利用充入的电网电能，动力电池单独或与发电机共同提供车辆驱动功率。此阶段动力电池 SOC 值不断下降，当降至设定的下限值时，车辆进入 CS 阶段。根据 CD 阶段发动机是否参与工作，增程式电动汽车的控制策略可分为 AER（All-electric Energy Range）控制策略和 Blended 控制策略。

### 1. AER 控制策略

#### （1） 恒温控制策略

恒温控制策略又称为开关控制策略，该控制策略以动力电池的 SOC 限值作为信号，控制发动机的起动和关闭，即当动力电池 SOC 值低于最小门限值时，发动机起动，发动机输出功率主要用于驱动车辆，多余能量为动力电池充电；当动力电池 SOC 值高于最大门限值时，发动机关闭，由动力电池提供能量。这种控制策略的优点是发动机起动时可工作在低油耗或低排放转速区间，具有较好的经济性和排放性。

该控制策略首先对动力电池的电量设定一个上限值 $SOC_{max}$ 和一个下限值 $SOC_{min}$，在整个运行过程中动力电池的电量始终保持在 $SOC_{min} < SOC < SOC_{max}$ 的范围内，如同温度保持在稳定范围内的恒温器。其控制原理：动力电池 SOC 值较高时采用纯电动模式行驶，当 SOC 值下降到 $SOC_{min}$ 后起动增程器，并设定发动机工作在最佳燃油效率和排放的工作点，增程器输出的功率一部分传送到驱动电机，多余的能量储存到动力电池中；当 SOC 值上升到 $SOC_{max}$ 后增程器关闭，完全由动力电池输出能量给驱动电机，动力电池电量在 $SOC_{min}$ 与 $SOC_{max}$ 之间时，增程器保持前一时刻的运行状态。工作原理如图 2-3-32 所示。

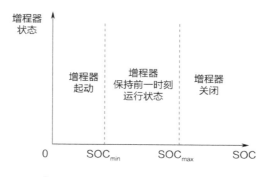

○ 图 2-3-32　恒温控制策略工作原理

该控制策略中，增程器起动和关闭状态由动力电池 SOC 值决定，在恒温控制策略下，发动机可运行在最佳工作点，输出恒定功率，效率最高，发动机的起停频率较低，因此对发动机工作有利。该控制策略下动力电池的 SOC 值始终在 $SOC_{max}$ 与 $SOC_{min}$ 之间。

（2）多点控制策略

多点控制策略根据车辆循环工况及驾驶人意图，在发动机最优工作区间选取不同工作点，待发动机起动后，以不同功率输出。这种控制策略是对恒温控制策略的改进，优点是减少了动力电池充放电的次数，而且在工程中易于实现，因此应用也较广泛。

在发动机工作高效区设置输出功率不同的工作点，依据整车不同的功率需求，调整发动机工作状态。多点控制策略采用三个工作点，代表发动机高、中、低三种负荷，其中 $P_{high}$ 点为最高行驶速度下的功率需求，不考虑急加速和爬坡等因素；$P_{mid}$ 点为市郊较高速度行驶功率需求；$P_{low}$ 点为市区低速行驶功率需求。发动机工作状态依据行驶速度进行切换，将当前车速与切换限值进行比较，判断发动机是否进行工作点切换。

（3）功率跟随控制策略

功率跟随控制策略中，发动机的工作状态是随着固定曲线变化的，这条曲线一般为最佳燃油经济性对应的发动机功率曲线，即发动机输出功率是连续变化的。当动力电池的 SOC 值低于控制策略设计的最小阈值时，发动机随最佳燃油消耗曲线工作，动力电池开启和关闭次数大大减少，能量转换效率高；缺点是发动机工作区间大，怠速时能量利用率不高。

功率跟随控制策略的原理：在车辆行驶过程中，只有当动力电池 SOC 值大于 $SOC_{max}$ 且车辆的请求功率 $P_{req}$ 小于 $P_{req\_low}$ 时，增程器处于关闭状态，其他时刻增程器的开闭与 SOC 值、需求功率以及发动机前一时刻的工作状态有关。当增程器起动后，增程器作为车辆行驶的主要动力源，其输出功率的大小完全基于车辆行驶需要的功率，即增程器跟随需求功率。图 2 - 3 - 33 所示为功率跟随控制策略下增程器起停关于动力电池 SOC 值和车辆需求功率的关系。

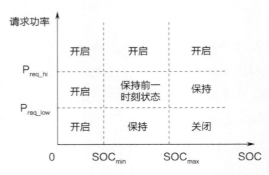

◎ 图 2 - 3 - 33　功率跟随控制策略增程器起停控制

该控制策略理论上能实现在发动机的整个运行区间内对车辆请求功率进行实时准确的跟随，几乎无需动力电池的参与，动力电池的 SOC 值变化小，有利于保护动力电池。但实际工作时，发动机要跟随请求功率，因此工作点频繁徘徊，影响了发动机的油耗和排放。

### 2. Blended 控制策略

采用 Blended 控制策略的增程式电动汽车与采用 AER 控制策略相似，区别在于 Blended 控制策略在 CD 阶段可同时利用动力电池及增程器功率进行驱动，如图 2-3-34 所示。车辆进入行驶状态后，驱动电机提供了车辆行驶的功率，当整车需要功率加大而驱动电机不能满足时，发动机起动为整车提供额外功率。车辆在 CD 阶段时，Blended 控制策略让驱动电机提供了主要的车辆行驶能量，对于超出驱动电机能力的功率要求，通过发动机的工作来进行补充。这种控制策略的不足之处是，发动机在助力工作时不能工作在高效区，但此时发动机输出的功率较小，因此整车燃油消耗量也较低。

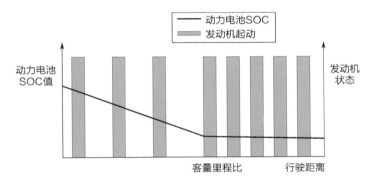

◎ 图 2-3-34　Blended 控制策略动力源状态

### （四）起动和停机策略

### 1. 起动策略优化

表 2-3-7 展示了多种起步策略具体参数测试方案及测试结果。起动策略测试方案主要考虑三个参数的变化：起动转矩、卸矩转速及开始喷油的转速。重点在起动转矩 80N·m、卸矩转速 650~750r/min 的工况下评估不同喷油转速（为了避开轴系共振转速区间 232~606r/min，因实际燃油喷射时刻较喷油信号有延迟，喷油信号转速设置为不小于 600r/min）对初级与次级飞轮之间相位差的影响。

表 2 - 3 - 7  起动策略测试方案及结果

| 起动转矩/N·m | 卸矩转速/(r/min) | 喷油转速/(r/min) | 初、次级飞轮最大相位差/(°) |
|---|---|---|---|
| 80 | 650 ~ 750 | 600 | 69.5 |
| 80 | 650 ~ 750 | 700 | 65.8 |
| 80 | 650 ~ 750 | 800 | 62.1 |
| 120 | 650 ~ 750 | 600 | 48.7 |
| 150 | 650 ~ 750 | 600 | 42.4 |
| 160 | 650 ~ 750 | 600 | 47.5 |
| 170 | 650 ~ 750 | 600 | 38.3 |
| 180 | 650 ~ 750 | 600 | 44.8 |
| 190 | 650 ~ 750 | 600 | 42.2 |
| 200 | 650 ~ 750 | 600 | 43.8 |

优化后的起动策略有：

1）设置发动机开始喷油转速为 600r/min。

2）设置增程器起动转矩为 150 N·m。

3）设置电机开始卸矩转速为 750 r/min，到 900 r/min 时完全卸矩至 0。

相比于传统发动机中的起动机，该增程器中的高压发电机可作为电动机快速拖动发动机至更高转速再开始喷油、卸矩。在保证起动转速超调可控的前提下，开始喷油、卸矩转速的提高可有效降低起动油耗，且稍高转速下的起动过程可获得更佳的增程器 NVH 性能。

增程器在起动到较高转速时开始执行电机卸矩，随即进入小功率发电或急速状态。小功率发电起到发动机暖机作用，当发动机冷却液温度高于某一阈值时，才允许增程器高功率运行。增程器的急速转速一般也较传统发动机高，这有利于增程器的运转稳定性、排放、快速暖机及后处理器的低温起燃性能等。

## 2. 停机策略优化

与传统车辆相比，增程式电动汽车需要对停机策略进行专门的优化设计。由于动力系统中动力电池的存在，增程式电动汽车的增程器与驱动系统之间实现了机械解耦，即增程器是否工作与车辆的运行状态无直接关系，增程器在车辆行驶过程中就可以起动或停机。因此，在设计增程器起动、停机策略时都应考虑对发动机、发电机性能及寿命的影响。

增程器在高功率运行后需要先使冷却液温度降低后才可停机，以延长发动机的使用寿命。当收到 VCU 的停机命令后，增程器控制单元（Range Extender Control Unit，RECU）通过 GCU 控制发电机卸矩，同时通过电子控制单元（Electronic Control Unit，ECU）控制发动机回到怠速工况，怠速一段时间后将发动机熄火，增程器停机。停机过程中持续怠速的目的是避免发动机在高温状态下骤停造成热损伤，尤其是对于配备机械水泵的发动机。

为提高增程器停机过程的 NVH 性能、降低轴系的振动，可以利用发电机产生负载转矩"制动"发动机，实现快速停机。图 2-3-35 所示为增程器停机策略，当发动机接收到停机指令后，关闭节气门，停止喷油和点火，在停机过程初期，发电机负载转矩同时开始卸载降低，发动机转速在摩擦和气缸压缩负功的作用下降至怠速附近（如 1100r/min），然后发电机重新加载负载转矩至一定值，发动机转速在摩擦、气缸压缩负功及发电机负载转矩的共同作用下快速下降，并迅速穿过增程器轴系的共振转速区，在停机过程后期，发电机负载转矩逐渐降至零。为达到良好的增程器停机效果，发电机负载转矩的具体变化值需进行标定。

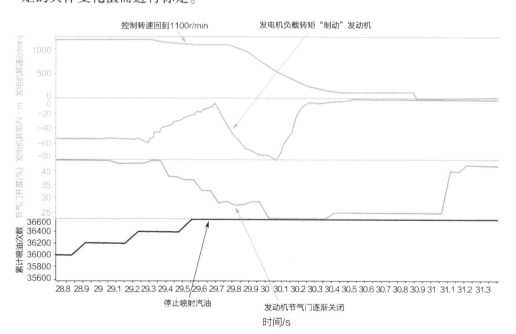

◇ 图 2-3-35　增程器停机控制策略

## 四、增程系统参数匹配

### （一）增程系统参数匹配原则

增程式电动汽车系统参数匹配时，需根据动力总成的结构特点以及整车设计的指标（动力性、经济性、纯电动续驶里程、增程模式下续驶里程等）对增程系统参数实施合理匹配。

对于增程系统而言，参数匹配应尽量遵循以下原则：

1）控制发动机始终工作在低油耗转速区间内。

2）发电机高效区与发动机高效区尽量重合。

3）尽量保证发动机始终在最佳点火角工作。

4）尽可能实现发电功率对整车驱动需求功率的跟随。

5）动力电池要满足整车电压、功率、能量需求，且尽量降低动力电池的充放电频率。

6）在纯燃油模式下，动力电池的主要作用是能量回收（制动及减速滑行）、功率增补（加速及爬坡）以及能量缓冲（削峰填谷）。

7）降低系统噪声。

### （二）增程系统参数匹配

进行增程系统参数匹配之前，需明确整车基本参数（表2-3-8）与整车续驶里程设计指标（表2-3-9）。

表2-3-8 整车基本参数

| 参数名称 | 单 位 | 参数名称 | 单 位 |
|---|---|---|---|
| 整备质量 $m_0$ | kg | 总质量 $m$ | kg |
| 旋转质量转换系数 $\delta$ | — | 主减速比 $i_0$ | — |
| 风阻系数 $C_D$ | — | 迎风面积 $A$ | $m^2$ |
| 滚动阻力系数 $f$ | — | 轮胎半径 $r$ | in |
| 传动系效率 $\eta_t$ | — | 驱动电机峰值功率 $P_m$ | kW |

**表 2 - 3 - 9　整车续驶里程设计指标**

| 指标名称 | 单　位 |
|---|---|
| 纯电动续驶里程 $d_1$ | km |
| 增程模式续驶里程 $d_2$ | km |

#### 1. 动力电池的参数匹配

动力电池的参数匹配可从电压匹配、功率匹配、能量匹配三个角度进行。

（1）电压匹配

动力电池的额定电压应满足下式：

$$U_{Bat} \geq U_{me} + \frac{P_m + P_A}{U_{me}} R$$

式中，$U_{Bat}$、$U_{me}$ 分别为动力电池电压、驱动电机额定电压，单位为 V；$P_m$ 为驱动电机的峰值功率，单位为 kW；$P_A$ 为附件功率，单位为 kW。参考 GB/T 31466—2015《电动汽车高压系统电压等级》中规定的电压等级，即可确定动力电池的额定电压。

（2）功率匹配

动力电池的峰值功率 $P_{bmax}$ 要满足以下两式：

$$P_{bmax} = kC_p U_{Bat}/1000$$

$$P_{bmax} \geq \frac{P_m}{\eta_m} + P_A$$

等价于下式：

$$C_p \geq \frac{1000}{kU_{Bat}}\left(\frac{P_m}{\eta_m} + P_A\right)$$

式中，$C_p$ 为功率要求的动力电池容量，单位为 kW·h；$k$ 为动力电池的最大放电倍率；$\eta_m$ 为驱动电机效率。

（3）能量匹配

动力电池的能量应满足车辆纯电动续驶里程，GB/T 18386—2017《电动汽车　能量消耗率和续驶里程　实验方法》中的规定，应用 90km/h 等速法进行电动汽车续驶里程试验，动力电池总能量 $E_b$ 应满足以下两式：

$$E_{\mathrm{b}} \geqslant \frac{mgf + \dfrac{C_{\mathrm{D}}Av_{\mathrm{a}}^2}{21.15}}{3600DOD\eta_{\mathrm{t}}\eta_{\mathrm{m}}\eta_{\mathrm{b}}\ (1-\eta_{\mathrm{a}})} \times d_1$$

$$E_{\mathrm{b}} = U_{\mathrm{Bat}}C_{\mathrm{E}}/1000$$

式中，$DOD$ 为动力电池放电深度；$C_{\mathrm{E}}$ 为能量需求下的动力电池容量，单位为 $\mathrm{kW\cdot h}$；$v_{\mathrm{a}}$ 为等速巡航时车速，单位为 $\mathrm{km/h}$；$\eta_{\mathrm{a}}$、$\eta_{\mathrm{b}}$ 分别为汽车附件能量消耗比例系数、动力电池平均放电效率。

则动力电池容量 $C_{\mathrm{Bat}}$ 可按下式选取：

$$C_{\mathrm{Bat}} = \min_{k^*=\min(k)}\left\{\max\left[C_{\mathrm{p}}(k),\ C_{\mathrm{E}}(k)\right]\right\}$$

### 2. 增程器的参数匹配

增程器主要由发动机、发电机及相关控制器组成，增程单元的匹配参数主要包括发动机和发电机的额定输出功率、燃油箱容积匹配及高效工作区间匹配。这些参数决定着车辆的续驶里程与燃油经济性。

（1）发动机额定输出功率匹配

发动机额定输出功率应该满足增程模式下以最高车速行驶时的功率需求，且发动机应尽量工作在高效区间，此时发动机额定输出功率应满足下式：

$$P_{\mathrm{e}} \geqslant \frac{v_{\mathrm{h}}}{3600\eta_{\mathrm{t}}\eta_{\mathrm{m}}\eta_{\mathrm{g}}}\left(mgf + \frac{C_{\mathrm{D}}Av_{\mathrm{h}}^2}{21.15}\right) + \frac{P_{\mathrm{A}}}{\eta_{\mathrm{g}}}$$

式中，$P_{\mathrm{e}}$ 为发动机额定输出功率，单位为 $\mathrm{kW}$；$\eta_{\mathrm{t}}$ 为传动系统效率；$\eta_{\mathrm{m}}$ 为驱动电机效率；$\eta_{\mathrm{g}}$ 为发电机效率；$v_{\mathrm{h}}$ 为增程模式下的最高车速，单位为 $\mathrm{km/h}$。

（2）燃油箱容积匹配

为满足续驶里程要求，燃油箱容积可由下式确定：

$$V = \frac{P_{\mathrm{h}}d_2b_{\mathrm{e}}}{1000\rho v_0}$$

式中，$V$ 为燃油箱容积，单位为 $\mathrm{L}$；$P_{\mathrm{h}}$ 为巡航速度下发动机输出功率，单位为 $\mathrm{kW}$；$d_2$ 为增程模式续驶里程，单位为 $\mathrm{km}$；$b_{\mathrm{e}}$ 为发动机燃油消耗率，单位为 $\mathrm{g/kW\cdot h}$；$\rho$ 为汽油密度，单位为 $\mathrm{g/mL}$；$v_0$ 为汽车巡航速度，单位为 $\mathrm{km/h}$。

（3）发电机额定输出功率匹配

发电机参数匹配应综合考虑发动机和发电机间的动力传递方式，发电机和发动机的工作转速与输出功率应尽量保持一致，从而满足平顺性要求。发电机额定输出功率 $P_g$ 可由下式确定：

$$P_g = P_e \eta_g$$

式中，$\eta_g$ 为发电机效率；$P_e$ 为发动机额定输出功率，单位为 kW。

为了充分发挥发动机效率，实际选择的发动机高效区功率应大于前文计算得到的常用工作点功率。因为过小的功率会导致发动机长期处于高负荷工作状态，效率下降。同时也不能选择过大功率的发动机，否则会使整车成本升高，并影响其他部件的布置安装空间。只有选择合适的发动机功率才有助于整车综合性能的提升。

（4）高效区间匹配

在增程模式下，不同功率需求可对应不同的发动机与发电机转速、转矩，为了使发动机与发电机功均工作在高效区间，还需要考虑发动机与发电机高效区间的匹配。

首先，要为增程器匹配满足油耗要求的发动机。2020 年的第四阶段油耗法规要求，乘用车燃油消耗量限值标准 $V_1$ 为 5L/100km，可根据下式确定某被测工况下发动机平均燃油消耗率上限值 $b_1$：

$$b_1 = \frac{V_1 \eta_g \eta_c \rho}{H}$$

式中，$H$ 为车辆百公里平均耗电量，单位为 kW·h/100km；$b_1$ 为发动机平均燃油消耗率上限值，单位为 g/kW·h；$\rho$ 为燃油密度，单位为 g/mL；$\eta_c$ 为动力电池充电效率；$\eta_g$ 为发电机效率。

确定平均燃油消耗率上限值后，便可为增程器匹配满足以下性能要求的发动机：

1）高效区油耗要低于平均燃油消耗率上限值。

2）低于平均燃油消耗上限值的油耗区范围足够大。

可根据不同型号发动机的万有特性曲线选取满足以上要求的发动机。

选取的发电机要尽量保证发电机的高效区与发动机低油耗工作区重合，实现增程器的高效输出。

首先，为保证发动机与发电机匹配效果良好，发动机与发电机的高效区转速、转矩范围不宜相差过大。其次，可根据功率与油耗要求，按转速从低到高将发动机工作区间划分为不同的高效区，然后根据低转速区间到高转速区间的功率需求对发电机功率进行配置。另外，增程器中发动机飞轮端与发电机转子间为刚性连接，因此两者转矩和转速可表示为下式。

$$|T_e| = |T_g|$$
$$|n_e| = |n_g|$$

式中，$T_e$ 为发动机输出转矩，单位为 N·m；$T_g$ 为发电机输入转矩，单位为 N·m；$n_e$ 为发动机转速，单位为 r/min；$n_g$ 为发电机转速，单位为 r/min。

最后，可通过发电机的需求功率点及目标转速、转矩，根据不同型号发电机的效率图对发电机进行选型。

## 五、内燃机小型化发展

当前纯电动汽车普遍存在里程焦虑问题，尤其是在严寒地区，续驶里程会大大下降。这使得加装增程器模块的增程式电动汽车具有很强的市场竞争力及优势，很可能成为未来典型的车辆电动化路线。

### （一）内燃机小型化趋势

工业和信息化部在 2019 年 1 月发布的《乘用车燃料消耗量限值》（征求意见稿）编制说明中明确，新国标旨在持续推动传统燃油汽车节能降耗，同时服务和促进新能源汽车发展，确保实现新能源汽车发展目标，最终达到我国乘用车新车平均燃料消耗水平在 2025 年下降至 4.0L/100km。从欧Ⅰ到欧Ⅵ的排放法规，除了污染物在不断减少，$CO_2$ 的排放限值也在不断降低。欧洲议会和欧盟理事会于 2019 年初达成了一项协议，同意进一步收紧车辆尾气管 $CO_2$ 的排放限值，要求以 2020 年基于新欧洲行驶循环（NEDC）的 $CO_2$ 排放限值（乘用车为95g/km，轻型商用车为145g/km）为基准，到2025 年实现 $CO_2$ 减排 15%，到 2030 年实现 $CO_2$ 减排 37.5%。

传统汽车电动化实现节能减排已是必然趋势。但是目前，纯电动汽车仍然存在许多问题需要克服，例如里程焦虑、充电桩覆盖不够、充电时间长等问题，使得当前的消费者购买意愿不足。单就汽车产业而言，未来 15 年内，内燃机汽车仍然会是市场销售的主力。因此，汽车全面电动化，实现从内燃机汽车过渡到纯电动汽车将是一个漫长的过程，汽车的电气化必须高度依赖内燃机。2018 年 7 月 25 日，中国内燃机工业协会专家委员会成员贺燕铭先生在"务实的突破——首届小排量发动机发展高峰论坛"上表示，电动化与小排量内燃机不是非此即彼的对立关系，并且在所有内燃机中应用增压直喷技术，实现内燃机的小型化，并不会降低内燃机性能。

随着内燃机技术的不断进步，曾经不被看好的小排量内燃机如今成了非常受欢迎的产品，涡轮增压技术的出现让小排量内燃机更加受欢迎。更小的、功率密度更大的内燃机能够明显降低 $CO_2$ 排放，还可以减少摩擦产生的损失，从而提升整车燃油经济性。大量测试结果证明，小型化后的内燃机可以将燃油效率提升 20% ~ 30%，且不需要牺牲动力性能。

增程器专用内燃机最主要的特点是热效率高、结构紧凑、成本低。以一辆整备质量为 1.6t 的三厢汽车为例，维持 120km/h 连续行驶所需的增程器功率约为 30kW。根据上述情况，增程器内燃机恰好可选用小排量内燃机，这种特性让它更加符合节能减排的目标。

大众、通用、宝马、上汽、长城等汽车企业的内燃机也趋于小型化，小排量内燃机将成为未来内燃机市场的主流。内燃机在提高燃油效率的情况下，如何将其小型化是研究的重点。接下来介绍几种当前比较常用的内燃机小型化技术。

## （二） 内燃机小型化技术路线

### 1. 内燃机涡轮增压技术

目前，增压小型化是汽车内燃机发展的一项主流技术。根据美国密歇根大学运输研究所（UMTRI）的报告：2025 年将有 50% 的乘用车应用增压技术。目前我国新的车型基本都采用了增压技术。

小排量内燃机普遍采用的涡轮增压技术是以内燃机燃烧后排放的废气为动力源，使涡轮工作来压缩进气，从而提高内燃机进气量，进而提高内燃机的动力和燃油效率。由于进气量提高，燃油燃烧可供的氧气更充足，充分燃烧后的 $CO_2$ 排放也可大幅减少。因此，涡轮增压技术的使用非常有利于节能减排。

增压器的涡轮废气通道与内燃机排气歧管相连，涡轮废气出口与排气管相连。叶轮的进气口与进气管相连，排气口与进气歧管相连，增压后的空气将直接进入气缸参与燃烧。涡轮增压技术的工作原理是，用内燃机燃烧后排放并进入废气通道的高温废气驱动涡轮，涡轮带动同轴的叶轮一起转动，叶轮工作，压缩进气，从而提高进气量。随着内燃机工作速度加快，涡轮带动叶轮的工作速度加快，进气压缩程度越大，进气量就越多，通过提高循环供油量，内燃机的动力、燃烧效率可进一步提高。双涡管增压结构，是在传统的单涡管涡轮增压器基础上，将进入涡轮前的废气通道分成两个，从而把废气分离成互不干扰的两部分，摆脱了排气重叠导致的废气脉冲干扰问题。

使用涡轮增压技术的内燃机可以大幅度提高最大功率。与未使用涡轮增压技术的内燃机相比，具有增压器的内燃机最大功率可以提高40%以上。以通用雪佛兰科沃兹上搭载的高度小型化1.0T涡轮增压三缸发动机为例，这台三缸机用了钟摆式双质量飞轮，全新平衡轴，消除了三缸机的一阶不平衡力矩，有效地缓解了三缸机抖动问题。在油耗上，同样的条件下，1.0T涡轮增压发动机比1.5L自然吸气发动机油耗减少了10%，同时$CO_2$的排放也随着油耗的减少而下降；1.0T涡轮增压发动机可输出的最大功率为92kW，最大转矩为165～170N·m，而1.5L自然吸气发动机可输出的最大功率为83kW，最大转矩为141N·m，动力性能提升了20%～33%；在轻量化方面，该涡轮增压发动机用铝材铸造了整个缸体。将排气管集成在缸盖上，整体布局也进一步紧凑，使发动机整体减重了25kg。其涡轮使用了电动的废气阀，同时还使用了低惯量的涡轮，更加有助于增压小型化。

尽管增压技术有如此多的优势，它也并非完美。其平顺性还有待提升，在低速的情况下发动机排放的废气量小，无法产生足够驱动涡轮工作的压力，导致涡轮增压有一定的滞后性。涡轮迟滞、动力输出不线性是涡轮增压发动机最大的缺点。另外，使用涡轮增压技术将使得整个系统温度升高，造成系统高热问题。为减小高热造成的影响，需要使用耐高温抗氧化的冷却和润滑介质，加装冷却器等。

### 2. 汽油缸内直喷技术

汽油缸内直喷（Gasoline Direct Injection，GDI）技术是直接将汽油喷入气缸参与燃烧。与传统歧管喷射（Port Fuel Injection，PFI）相比，缸内直喷技术可以提高汽油喷射压力，雾化汽油更加细致。被雾化后的汽油量更容易控制，从而使实际的油气混合比例能更精确。并且，由于是缸内直喷，可以避免缸外喷射产生的各缸不均匀等问题。但使用该技术时应根据发动机转速、负荷的不同来调整喷射时间。在发动机低转速、低负荷时，应在压缩行程的最后阶段喷射汽油，即延迟喷射，利用空气涡流，使喷射的汽油在火花塞附近实现分层燃烧，从而提高燃烧效率，降低油耗。当发动机处于高转速、高负荷时，需要提前喷射汽油，在吸气行程就将汽油喷射进去，使油气均匀混合燃烧。

此外，采用缸内直喷技术的喷油器喷孔位置、喷雾形状、进气气流控制，以及活塞顶形状等设计很特别，能够使汽油在整个气缸内混合充分、均匀，从而使汽油充分燃烧，能量转化效率较高。与传统的歧管喷射汽油发动机相比，缸内直喷汽油发动机可使燃油消耗量减少。

由上述可知，缸内直喷技术可以通过缸内直喷加压使汽油雾化更细致，从而提高汽油燃烧效率。但是此时发动机中汽油燃烧温度较低，并且燃烧室容易处于富氧环境，易产生氮氧化物，三元催化转化器不能很好地将排放出的有害物质转换、消除，因此在排放方面的技术还有待改进。

### 3. 涡轮增压器进气冷却技术

涡轮增压内燃机的冷却技术包含两部分，一部分是中冷器冷却技术，也就是对增压空气的冷却技术；另一部分是增压器自身的冷却技术。

涡轮增压器是对内燃机燃烧后排出的高温废气进行增压，因此它的温度通常能达到600℃左右。空气进入增压器后被压缩导致大幅升温，膨胀后的空气单位体积氧含量减少，使内燃机燃烧效率降低，削弱了涡轮增压的优势。进气温度每降低10℃，内燃机功率就可提升3%～5%。因此，为了提高内燃机输出功率，需要用中冷器对进气进行冷却。根据冷却介质的不同，中冷器分为集成液冷中冷器和外置风冷中冷器。

集成液冷中冷器的优点是管路布置灵活，结构紧凑，便于安装；管道短，管内压力保持性较好，从而可以在很大程度上减缓涡轮迟滞现象。但液冷式中冷器成本较高，并且热车时冷却液温度本身也不低，因此降温效果没有风冷式中冷器好。

风冷式中冷器一般安置于车头，行驶时依靠车头流过的气流冲击风冷器，实现对增压进气的降温散热。它可以将高温进气冷却至50℃左右，使用外置风冷中冷器的内燃机输出功率将有大幅度提高。结构简单也使得外置风冷中冷器具有可靠性优势。

风冷式中冷器气流管路较长，空气需要从增压器经过管道流到车头，冷却后再经过管道流向节气门，长时间在管道中的运动使得涡轮迟滞现象更严重，而且内燃机排量越小、转速越低时影响越明显。另外，在车辆低速行驶时，由于空气流动速度低，降温效果也会下降。

### 4. 涡轮增压器润滑与冷却技术

涡轮增压器的轴承是一种特殊的浮动轴承，它是套在轴和壳体上的铜质圆环，在圆环与轴，以及圆环与轴承座之间都有间隙。当增压发动机工作时，圆环与轴、圆环与轴承座之间利用机油形成了双层油膜，转子工作时，就是浮在油膜上完成高速转动的。涡轮增压器工作时要接收发动机排出的高温废气，并且工作时转速可达每分钟几万转，温度高达 900～1000℃，在这样高转速、高温度的条件下，这个部位对润滑和冷却也有极高的要求。

涡轮增压器的中间体分别设置了机油入口和机油出口。首先是发动机润滑系统主油道的机油，通过机油入口进入增压器，对增压器的轴和轴承进行润滑冷却。然后机油经过机油出口返回发动机的油底壳。为了防止机油在润滑和冷却过程中窜入压气机或涡轮机壳内，在增压器轴上设置了油封。

有些内燃机为了加强散热，还会单独为增压器增加一套液冷系统。这样整个涡轮增压器以及内燃机就有两套相互独立的冷却系统，即主循环系统和副循环系统。主循环系统针对发动机自身的冷却，其冷却液泵通过传动带和曲轴相连，利用发动机的动力驱动冷却液进行循环；副循环系统针对涡轮增压器以及增压空气进行冷却，利用电动冷却液循环泵驱动冷却液进行循环。副循环冷却系统包含两个循环通道：一个经过涡轮增压器，为涡轮系统冷却；另一个流经进气歧管内的冷却器，为增压空气进行冷却。

### 5. 涡轮增压器材料技术

随着涡轮增压技术的发展，其最高排放温度已经能达到1050℃，这样高温的工作条件，给涡轮增压材料的设计工作也带来了挑战。

涡轮增压壳体的材料需要具备以下性能：良好的高温抗氧化性能，稳定的显微组织，热膨胀系数小，良好的高温强度；由于增压器涡轮壳的形状复杂，尺寸精度和表面质量要求高，因此其材料还要具有良好的铸造性能和机械加工性能。当前涡轮增压器壳体材料以铸铁和铸钢为主。为了保证稳定的显微组织，基体材料最好选用铁素体或奥氏体组织。为了提高材料的抗氧化性，一般在其中加入 Ni、Cr、Mo 等合金元素。最后还需要考虑加工性能、成本等问题，综合选用最合适的材料。目前除了铸铁，还有大量新材料、新技术正在研究发展并应用于涡轮壳体。大陆集团已经为宝马 1.5L 三缸发动机生产出铝合金涡轮壳体，通过使用冷却液从发动机的正常冷却回路为涡轮壳体散热，从而取代昂贵的奥氏体不锈钢涡轮壳体。

在涡轮增压器材料的设计中还需要考虑涡轮轴、轴承、密封环等零部件材料，采取多方位措施延长增压器的使用寿命。涡轮轴在实际工作中，需要承受 80000～120000r/min 的速度和超高的温度，同时它还是一种精密零件。因此涡轮轴是涡轮增压器中最需要重视的零部件，其复杂的加工工艺、极高的加工精度和材料选用是涡轮制造最为核心的技术。目前已掌握的技术，以及增压器的可选材料已经能够满足严苛的工况条件需求。轴承选用的是全浮动轴承，利用发动机润滑系统对轴承进行润滑。当转子进行高速转动时，轴承与转子轴的间隙充满了发动机润滑系统主油道的机油，使轴承在内外层油膜间随着转子轴同向旋转，随后经油管回到油底壳。选定全浮动轴承后，要选耐腐蚀、耐高温、耐高压的密封环材料。全浮动轴承的结构设计和尺寸精度也非常重要，尤其是密封环过盈量必须要适中。

涡轮增压器的新材料研发已经成为研究重点，层出不穷的、性能完好的新材料将为涡轮增压器的应用带来更多机遇。

## 六、增程能源模式

### （一）主流的增程器能源

目前，增程器的主流能源为燃油和燃气。燃油增程器一般使用汽油或柴油。搭载燃油增程器的增程式电动汽车与燃油汽车类似，加油方便，需要的储油空间相对较小，投入成本较低，技术成熟，因此目前依然被大部分车企使用。但燃油价格相对较高，使用成本比燃气高，燃烧产生的尾气对环境污染较严重。

燃气增程器使用的是天然气，天然气的优势在于价格低，成本低，热值高，安全性能、环保性能好，但是也存在储存空间较大，需加装气瓶，加气不方便，投入总成本较高等问题，一般用于中大型车辆。

## （二） 具有潜力的增程器能源

在碳达峰、碳中和的大背景下，我国必须完成交通运输业能源结构的转型。除了上述增程器所用主流能源外，还应为增程器继续开发一些具有潜力的清洁能源，如甲醇、甲烷、生物燃油、氨气、氢气等。下面将对这几种清洁能源做简单介绍。

### 1. 甲醇

甲醇燃料是一种绿色、低碳、清洁能源。生产甲醇的原料主要是煤、天然气、煤层气、焦炉气等，特别是利用高硫劣质煤和焦炉气生产甲醇，既可提高资源综合利用率，又可减少环境污染。

甲醇作为汽车发动机燃料的主要优点是其混合气燃烧范围比汽油宽，气缸内积炭少，排气较干净，但是排放物中也会含有甲醇、甲醛等毒性物质。甲醇氧含量50%，这使得其热值较低，仅有汽油的45%左右，但是甲醇辛烷值高，具有良好的抗爆燃性，有利于提高压缩比进而提高热循环效率。但是，甲醇的冷起动性能不好，同时也会给发动机内的运动部件造成一定程度的磨损。甲醇对橡胶、塑料件也有一定程度的溶胀作用。甲醇汽油的稳定性主要取决于其中所含的水分，当水分含量达到3%以上时，甲醇会从基础汽油中分离，下层的水–醇相形成电解质，对某些金属产生电化学腐蚀。为此，化油器或电喷系统需要采用镀铬、镀镍处理。因此，使用甲醇燃料时必须严格控制水分含量。

甲醇作为低碳、含氧燃料，具有燃烧高效、排放清洁、可再生绿色属性等特点，且常温常压下为液态，储、运、用较其他新能源和清洁能源更安全便捷。我国甲醇汽车的发展已经有40余年的历史，具有生产来源广泛、经济体量巨大、全产业链可持续发展等优势。

### 2. 甲烷

甲烷是无色、无味的结构简单的碳氢化合物，也是含碳量最小（含氢量最大）的烃，广泛存在于天然气、沼气、煤矿坑井气之中，是优质气体燃料。

甲烷可用作热机燃料。目前，甲烷作为汽车燃料主要体现在对天然气的应用上。液氧/甲烷发动机还广泛应用于航天飞机上，液氧/甲烷在燃烧室里雾化的液滴细，蒸发快，燃烧速率高，具有燃烧性能好、燃烧稳定性高的优点。

甲烷还可应用在燃料电池上。以甲烷等碳氢化合物为燃料的新型电池，其成本大大低于以氢为燃料的传统燃料电池。甲烷电池还有着以下几方面优点。首先，甲烷燃料电池不产生污染物，其生成物仅为水和二氧化碳。其次，甲烷燃料电池直接将燃料中的化学能转换成电能，不受卡诺循环的限制，故能量转换效率很高。再次，甲烷燃料电池本体在发电时，不需要其他机件的配合，因此没有噪声问题。最后，甲烷燃料电池本体中不包含燃料，只需不断地供给燃料便可不停地发电。

但目前甲烷的应用也存在诸多问题，如缺乏供应系统，无法方便地供应给使用者；燃料种类的更换有可能需要对现有的供应系统进行改装，产生额外的费用；燃料电池体积过大，携带不方便；燃料电池使用可以提高发电效率的材料，虽然经由制造技术的改进及量产，成本已下降许多，但依然相对较高。

### 3. 生物燃油

生物燃油是 21 世纪的新兴产业能源，是由玉米秸秆、小麦以及灌木等生物质通过一定的方法制成的可燃性液体燃料，与常用的石化燃油相比，生物燃油具有以下几个优点：

1）可利用各种动植物油做原料，原料来源十分广泛。

2）点火性能好，使催化剂和发动机机油的使用寿命延长。

3）与石化燃油相比，生物燃油不易腐蚀容器，使用、运输和储存都较为安全。生物燃油的热值可达传统石化燃油的 80% 以上。

4）生物燃油可在自然状况下实现生物降解，减少对人类生存环境的污染，现实效益高。

5）可直接添加使用，无须改动发动机，无须增设加油设备、储运设备，人员亦无须经过特殊的技能训练。

6）含硫量低，并且不含对环境有污染的芳香烃，具有优良的环保特性。

生物燃油内燃机和石化燃油内燃机的基本结构和工作原理相似，都是由供油系统、配气机构、点火系统和附属机构等组成。在燃油燃烧的过程中，首先将燃油雾化，在旋流或者静止空气介质中燃烧，整个过程等同于气体燃料的扩散燃烧过程。但由于生物燃油的性质和石化燃油存在较大差别，其燃烧过程更复杂，燃烧更困难。

### 4. 氨气

氨气（$NH_3$）是富氢化合物，不含碳，完全反应只产生水和氮气，不产生污染物和温室气体 $CO_2$；其含氢量高、体积密度大、成本低、常温常压下为气态（密度 $0.7016kg/m^3$）、易液化（常压下温度 $-33$℃ 或常温下加压到 $0.9MPa$）、易于存储和运输、可人工合成，且氨在加热或催化剂作用下极易分解成氢气和氮气。氨气价格低廉，热值较大，有气味，泄漏时易发现。氨气沸点较高，相对于甲烷和氢气来说，易于液化储存，且氨每年的产量可达 2 亿余 t，是当今世界上用量最大的单一化工产品。我国是氨气生产大国，产能约占全球的 1/4。

氨气不仅可以应用在燃料电池上，还可以做燃料。中国汽车工程学会理事长、中国工程院院士、清华大学教授李骏提出，氨氢融合一体化的新能源汽车可能是将来发展的最佳解决方案。氨氢融合的优势有：

1）可以打造氢能运输、存储、供应的新体系，更适合长途运输的商用车。

2）可以打造零排放的内燃机，在现有货车柴油机上，只需要改变 9 个零部件，就能变成氨氢融合的内燃机。

3）车载液氨储存体积能量密度是液氢的两倍，而成本只有液氢的 50%。

4）氨气无论是燃烧还是氧化还原，都能产出氢气和氮气，是氢能很好的载体。

但氨气有其局限性，氨气本身是一种污染性气体，如果储存不善泄漏出去，会危害人体健康，对人的皮肤、呼吸系统和神经系统造成损伤，吸入过多甚至有生命危险。

### 5. 氢气

氢能作为推动由传统石化能源向绿色能源转变的清洁能源，其能量密度（$140MJ/kg$）是石油的 3 倍、煤炭的 4.5 倍，被视为未来能源革命的颠覆性技术方向。氢气可通过电解水得到，而地球上水资源丰富，可以从水中提取氢气，资源广泛。氢能源利用方式很多，其中以氢燃料电池和氢内燃机最受关注。

氢燃料电池是以氢气为燃料，通过电化学反应将燃料中的化学能直接转变为电能的发电装置，具有能量转换效率高、零排放、无噪声等优点。但氢气纯度要求高（99.99%），依赖于稀有金属铂，以及尚未完善的工业体系，这导致氢燃料电池的价格一直居高不下。

氢内燃机的主要燃料为氢气，结构上和传统内燃机差异不大。氢内燃机的优势：气缸中的氢可以完全燃烧，排放气体更加洁净，内燃机的整体经济性有所提升；氢气的火焰传播速度快，氢气在缸内的燃烧状态更接近理想状态，因此热效率更高；氢的自燃点更高，因此氢内燃机可以采用更高的压缩比，从而提高热效率。总的来说，与汽油内燃机相比，氢内燃机具有输出功率高、热效率高以及节能环保的特点。目前，氢气暂时不能成为主流能源主要是因为氢气制取成本高且不易安全储藏和运输。

## 七、产品技术展望

基于增程式电动汽车的特点，未来增程式电动汽车的发展将有更多可能性。

1）增程式电动汽车是与可再生能源系统交互的良好载体，增程式电动汽车的主要能量来自动力电池，这大大增加了可再生能源，如太阳能、生物质能、风能等广泛应用于车辆的可能性，符合当前推动能源转型、力争将新能源汽车与可再生能源结合的政策与趋势，同时促进了可再生能源的消纳。

2）增程式电动汽车的整车设计将向多能源化与多动力源化发展，这使得增程式电动汽车的整车设计与控制将更加贴近用户的实际使用需求。

3）增程式电动汽车将与信息化能量管理方法相结合，进而挖掘出更大的节能减排潜力。可以将车辆工况信息作为输入融入能量管理策略，从全局优化的角度进行能量管理，使车辆的整体能耗进一步减少，达到更好的节能减排效果。

## 子报告四

# 增程式电动汽车产品能效评估研究

## 一、节能水平评估

增程式电动汽车作为我国新能源汽车的一种重要类型，在汽车节能减排目标中占有重要地位。增程式电动汽车有电能和燃油两种能源补充方式，当电能不足时，增程器发电驱动车辆行驶。由于增程器不直接参与驱动，发动机始终处于高效区间，工作状况较传统燃油汽车大为改善，污染物排放性能大为提高。同时，增程式电动汽车在夜间充电可改善电网负荷，减少电能浪费，从而减少电能生产端的排放。增程式电动汽车能源构成方式如图2-4-1所示。

● 图2-4-1 增程式电动汽车能源构成方式

不同于传统燃油汽车或纯电动汽车仅使用燃油或电能等单一能源，增程式电动汽车同时使用了电能和燃油，在对其进行节能水平评估时要分别对电能和燃油消耗进行考量。混合动力汽车能耗评估方法多种多样，考虑到用户的真实行驶工况、出行需求、驾驶风格等原因，本报告拟采用基于用户行车数据的能耗评估方法对车辆真实能耗和节能水平进行评价，从而为增程式电动汽车节能减排技术提供参考。

基于增程式电动汽车用户实时上传的行车数据，选取了市场保有量较大的3款增程式电动汽车共计128386辆，并按照纯电驱动和燃油驱动两种方式统计了它们在一年内（2021年全年）的出行大数据，结果如图2-4-2～图2-4-4所示。

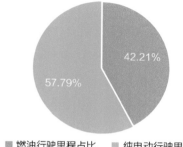

42.21%

57.79%

■ 燃油行驶里程占比　　■ 纯电动行驶里程占比

🌢 图2-4-2　抽样用户纯电动行驶和燃油行驶里程比例

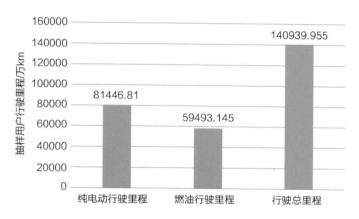

🌢 图2-4-3　抽样用户全年累计行驶里程

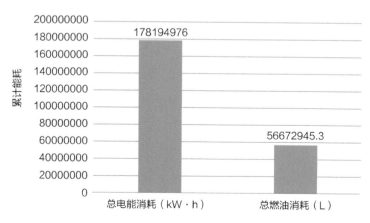

🌢 图2-4-4　抽样用户全年累计能耗

107

由图 2-4-2~图 2-4-4 可知，在随机抽取的 128386 名用户中，用户全年累计行驶约 140940 万 km，其中纯电动行驶里程约 81447 万 km，占比为57.79%，燃油行驶里程约 59493 万 km，占比为 42.21%。所有抽样用户全年累计消耗电能 178194976kW·h，消耗燃油 56672945.3L。

基于上述行车大数据，本报告采用下述两式计算增程式电动汽车能耗。增程式电动汽车能耗的计算主要由两部分组成，即电能消耗和综合油耗。由于增程式电动汽车纯电动模式在使用过程中不消耗燃油，因此计算综合油耗时不考虑这部分。增程式电动汽车的纯电动百公里电耗和综合油耗计算公式如下：

$$E_e = \frac{E_{bat}}{L_{bat}} \times 100 \qquad (4-1)$$

$$E_g = \frac{E_{gas}}{L_{total}} \times 100 \qquad (4-2)$$

式中，$E_e$ 是增程式电动汽车纯电动百公里能耗，单位为 kW·h/100km；$E_g$ 是增程式电动汽车百公里综合油耗，单位为 L/100km；$E_{bat}$、$E_{gas}$ 是增程式电动汽车抽样用户电耗和油耗，单位分别为 kW·h 和 L；$L_{bat}$、$L_{total}$ 是增程式电动汽车抽样用户纯电动行驶里程和行驶总里程，单位为 km。

考虑到增程式电动汽车通勤用户较多使用充电桩对动力电池进行充电，纯电动行驶里程占总行驶里程较多的情况，充电能耗转化率影响增程式电动汽车整体的能耗评估，所以考虑到充电能耗转化率的纯电动百公里能耗计算公式见下：

$$E_e = (E_{bat}/\eta)/L_{bat} \times 100 \qquad (4-3)$$

式中，$\eta$ 是充电效率和增程式电动汽车电能消耗效率，一般取 0.9~0.95。

根据式 (4-1)~式 (4-3)，利用上述抽样用户出行数据，分别对抽样用户的纯电动百公里能耗和综合百公里油耗进行计算，结果如图 2-4-5 所示。值得注意的是，本次选取的 3 款样车均属于大型 SUV，这一品类属于传统能源中的高能耗产品。增程式电动汽车的纯电动能耗与同级别纯电动汽车接近，而燃料消耗量要远低于同级别燃油汽车。

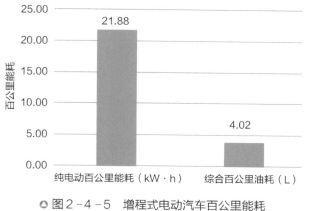

◎ 图2-4-5 增程式电动汽车百公里能耗

## 二、减排效果评估

### （一） 生命周期评价方法概述

#### 1. 生命周期评价理论概述

国家标准 GB/T 24040—2008《环境管理 生命周期评价 原则与框架》等同采用国际标准 ISO 14040：2006《环境管理生命周期评价原则与框架》，将生命周期评价（Life Cycle Assessment，LCA）定义为，在系统边界的全生命周期过程，将研究对象的所有输入、输出及造成的环境排放进行汇总和评价的研究方法。

1）生命周期评价是指对一种产品或系统进行整个生命周期（从原料采集和处理、加工制作、运输销售、使用复用、再循环，直至产品最终处理和废弃等各个阶段）的资源耗竭和环境排放影响分析和评价，其本质是评估某材料、某个生产过程、某种产品或系统在整个生命周期过程中对环境的影响。

2）LCA 作为产业生态学的理论基础和有效工具，目前已应用于相关领域政府单位、各大生产型企业、认证行业的环境政策制定和产品设计研发。通过生命周期评价专业的理论、方法和专用软件数据库等，可以实现碳达峰、碳中和、绿色制造节能减排目标，并发现产品在整个生命周期内对材料、能源的消耗，以及对环境产生较大影响的因素，从而为改进制造工艺、节约成本，以更小的环境足迹目标来改进产品，探索出产品绿色生态设计的优化方案，促进产品可持续发展及实现低碳经济，达到产品环境影响最小化。

3）生命周期评价方法目前已经在汽车领域得到了广泛应用。该方法可实现车辆从原材料获取、零部件制造、装配、运输、使用、维修直至报废回收整个过程的碳排放量化计算。通过汽车产品数据的进一步收集和整理，可找出车辆在整个生命周期内碳排放最大的阶段和因素，从而为车辆实现节能减排和产品优化升级提供决策依据和解决方案，以尽可能地实现资源、能源利用最大化并降低对环境的影响。

### 2. 生命周期评价框架

根据国家标准 GB/T 24040—2008《环境管理　生命周期评价　原则与框架》指定的技术路线，将产品的生命周期评价分为四个阶段：确定目标与范围、生命周期清单分析、环境影响评价和结果解释。这四个过程之间相互影响，任何一个过程出现错误和误差均会导致结果的真实性减弱。它们之间的作用关系如图 2-4-6 所示。

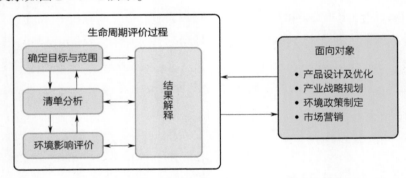

○ 图 2-4-6　生命周期评价的基本框架

（1）确定目标与范围

在产品进行生命周期评价之前，需要先确定研究目标以及研究范围，以确保此次研究的深度和广度。其中研究的目标是需要确定研究的目的和产品对象，该步骤所要确定的评价目标包括研究目的和产品分析的选定，并确保整个研究过程中能源单位的统一。研究范围指的是系统边界，这个过程就是根据评价对象选定合适的系统边界，保证系统评价研究在合理的假设与范围下进行。

研究目标选定是 LCA 研究的基础，该过程一般包含两个方面的内容：一方面是评价改进现有方案，根据评价结果找出车辆全生命周期过程中对环境影响最不利的因素，提出应对措施；另一方面是环境管理认证，此方面一般针对汽车企业而言，对汽车产品设计方案进行具体的评价分析，设计出更加低碳化、更加绿色的新能源汽车产品。

系统边界的划分主要是确定产品对象研究界限，其对评价的可行性、深度、广度、合理性至关重要。在系统边界外主要是明确输入与输出，如能源、矿产资源的输入与输出各种排放污染物；在系统边界内主要包括产品生命周期评价的主要进程，在各个进程中又具体划分为中间基础流，各进程之间相互联系。针对汽车产品本身，可将车辆的生命周期划分为原材料获取、制造装配、运行使用、报废回收四个阶段。本报告参考美国阿贡实验室的系统及部件划分模型，将增程式电动汽车划分为发动机、车身、动力电池、起动电池、电机、发电机、电动机、底盘、流体等 10 大部件，各部件的具体组成部分将在下文中详细介绍。

（2）生命周期清单分析

生命周期清单分析（Life Cycle Inventory，LCI）是整个汽车产品全生命周期评价系统评价的基础，是系统开发的重要连接环节，也是耗时最长、最复杂的过程。该过程主要是对系统边界确定的各个过程，即从原材料生产、加工、零部件生产制造、运输、运行使用、维修直至报废回收等过程进行数据的收集和整理，主要包括材料清单、质量占比、能耗清单等数据。清单分析数据采集要经过收集、筛选、修改、确认等环节。其中数据收集环节是清单分析过程中至关重要的一环，会对整个生命周期评价系统产生重大影响。此外，清单分析过程还应随着汽车产品的不断细化进行相应的修改，对最新数据及时更新，最后确定出完整的数据清单以达到最佳的使用需求。

清单分析流程如图 2-4-7 所示，可以看出清单分析是繁琐且不断重复的数据收集整理和调整的工作，也是生命周期评价中最耗费时间和精力的过程。

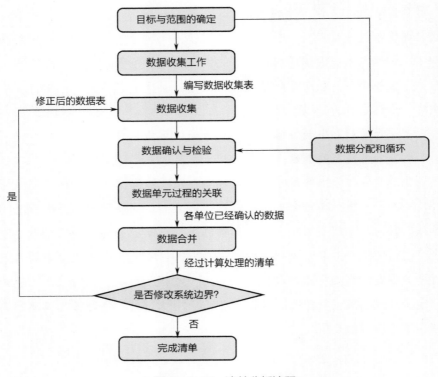

◎图2-4-7 清单分析流程

（3）环境影响评价

生命周期评价的第三步是进行环境影响评价（Life Cycle Inventory Assessment，LCIA），即对前面两步工作做完之后的工作结果进行量化评价。它是对产品系统清单分析阶段所映射的环境影响类型进行定量或定性的表征评价，即确定产品系统的物质、能量交换对资源的消耗，以及对外部环境的影响。

汽车全生命周期环境影响从温室气体排放（二氧化碳、甲烷、氧化亚氮、氢氟碳化物）角度入手，具体如下。

1）二氧化碳（$CO_2$）：二氧化碳是大气的重要组成成分，动植物及人类活动、燃烧、工业产品生产均会产生二氧化碳，一般对人体无危害。但是，二氧化碳在强烈吸收地面长波辐射后能向地面辐射出波长更长的长波，对地面起到了保温作用，是全球气候变暖贡献最大的温室气体。

2）甲烷（$CH_4$）：甲烷是最简单的有机物，也是含碳量最小的烃，在自然界的分布很广，是天然气和沼气的主要成分。甲烷是现代工业的重要原料，广泛用于颜料、油漆、橡胶的生产。经过美国能源部劳伦斯伯克利国家实验室的观测：21世纪初，大气中甲烷的浓度停滞不前，温室效应也遵循同样的模式，但从2007年开始，甲烷浓度开始上升的同时，其导致的温室效应也水涨船高，甲烷已经成为主要的温室气体。

3）氧化亚氮（$N_2O$）：氧化亚氮又称笑气，是一种无机物。氧化亚氮是一种危险化学品，在一定条件下能支持燃烧，但在室温下稳定，有轻微麻醉作用，长期接触此类气体还可引起贫血及中枢神经系统损害，在我国属于管控物品。与二氧化碳相比，虽然氧化亚氮在大气中的含量很低，但其单分子增温潜势却是二氧化碳的298倍，引起了科学家的极大关注。

4）氢氟碳化物：氢氟碳化物是有助于避免破坏臭氧层的物质，广泛用于汽车空调、冰箱和绝缘泡沫的生产。虽然氢氟碳化物对气候变化的影响还很小，不足二氧化碳的1%，但到2050年，氢氟碳化物对气候变暖的贡献比例将上升至二氧化碳的7%～12%，在导致气候变暖的各种因素中所起的作用会越来越大，需要引起关注。

（4）结果解释

结果解释是生命周期评价研究的最后一步，主要是根据规定的目标和范围要求，对清单分析和所建模型的环境影响评价结果进行评估，然后对其进行总结和进一步分析，以形成准确的结论和建议。由于研究目标和范围的限制、当前技术实现的难易程度等因素，往往会使得超出评价范围的评价结果具有一定的局限性，因此需要对结果进行一定的解释说明，从而更好地为政府制定排放法规、环保政策、战略规划等提供决策依据，为企业产品的绿色设计制造提供优化方案，为相关环保部门和研究机构提供数据参考。

### 3. 生命周期评价特点

（1）优势

1）边界划分清晰：通过将产品划分为原材料开采、原材料冶炼、产品加工制造、产品使用及维修直至产品报废回收等多个阶段，有效规避产品实际生产过程中的交错复杂关系，避免物料和能源消耗的反复核算。

2）定量分析：涵盖各种不同类型的环境影响评价因素，对这些因素分类计算，避免环境排放在这些影响类型之间相互转移，排放清单通常以归一化的形式整合到一起。

3）标准体系完善：生命周期评价方法目前有相对完善的标准体系，国际引用较多的 ISO 14040 系列标准可以等同转化为 GB 24040 系列标准，避免了不同国家和地区之间标准体系不同引起的生命周期界定混乱。

4）适用范围广：生命周期评价是多学科交叉的评价方法，它可运用于许多学科领域，其中包括统计学、毒理学、物理学、环境学、经济学、化学、生态学等学科，适用于对所有产品和服务的环境评价，为各种技术性、管理性或政策性的决策提供资源环境数据支持。

（2）局限性

1）信息和数据的限制：一个大型的生命周期项目通常涉及成千上万数据的搜集，而真正能获得的准确的信息和数据是非常有限的，因此在实际研究中经常采用典型工艺的平均水平、国内外相似数据或采用经验公式估算等方式获取数据，这样就造成了评价结果不太准确、误差偏大等问题。另外，由于研究的复杂性和数据信息的缺乏，整个生命周期成本较高，耗时也较长。

2）时间和地域的局限：由于 LCA 描述的对象是复杂的产品生产与消费活动，具有大尺度的时空跨度，而且这种活动不断变动，因而难以反复测量并统计分析。数据质量评估与控制是比较困难的问题，目前部分数据库采用不确定度参数的方法对 LCA 的结果质量进行量化评估。

3）区域性明显：由于经济发展水平和地理环境的不同，许多资源消耗和环境排放所造成的环境影响具有明显的区域性。由于工业发展水平的不同，在发展中国家生产相同的产品往往意味着更大的资源消耗和环境污染，因此在进行生命周期评价时应使用对应地区的清单数据（往往很难做到），才能体现环境影响的区域性。

4）综合评价指标的客观性：由于现代工业的复杂性，产品的生命周期会造成多种类型的环境影响，不同类型的环境影响指标很可能截然相反，无法得出明确的环境影响结论。因此，通常采用权重因子衡量不同指标所代表环境损害的严重性，以此将各类环境影响因素累加在一起，得出综合指标以及明确的对比分析结论。因为权重因子不可避免地包含着人为主观因素，所以这一方法削弱了生命周期评价的客观性和科学性。

## （二）生命周期评价建模

### 1.评价目标与范围

#### （1）评价目标

目前，国内外畅销的增程式电动汽车车型主要有理想 ONE、岚图 FREE、雪佛兰沃兰达、宝马 i3 等。本报告从全生命周期的角度出发，结合研究背景及目标，综合考虑车辆技术成熟度、市场保有量、使用区域、代表性及现实参考价值，选取某一车型作为评价目标。该车型整车和主要零部件性能参数见表 2 - 4 - 1。

表 2 - 4 - 1　评价目标车型参数

| 参数类型 | 参数名称 | 单　位 | 类型/数值 |
|---|---|---|---|
| 整车参数 | 级别 | — | 中大型 SUV |
| | 整备质量 | kg | 2300 |
| 驱动电机参数 | 类型 | — | 永磁同步电机 |
| | 最大功率 | kW | 240 |
| | 最大转矩 | N·m | 530 |
| | 功率/整备质量 | kW/kg | 0.104 |
| | 转矩/整备质量 | N·m/kg | 0.230 |
| 动力电池参数 | 类型 | — | 三元锂 |
| | 电量 | kW·h | 40.5 |
| | 电量/整备质量 | kW·h/kg | 0.017 |
| 发动机参数 | 类型 | — | 三缸汽油发动机 |
| | 最大功率 | kW | 96 |
| | 最大转矩 | N·m | 174 |
| | 排量 | L | 1.2 |
| | 功率/整备质量 | kW/kg | 0.042 |
| 变速器参数 | 类型 | — | 固定齿比变速器 |
| 动力性参数 | 最高车速 | km/h | 172 |
| | 百公里加速时间 | s | 6.5 |
| 经济性参数 | 纯电动行驶里程 | km | 180 |
| | 综合续驶里程 | km | 800 |

（2）评价范围

本报告以增程式电动汽车全生命周期评价及其造成的环境影响分析为主要目标，从增程式电动汽车生产制造、运行使用、报废回收全生命周期的角度分析其产生的碳排放和常规污染物排放。报告将增程式电动汽车的生命周期划分为原材料获取阶段、制造装配阶段、运行使用阶段和报废回收阶段。其中，原材料获取阶段指的是矿产资源加工冶炼为金属和非金属材料的过程，对于矿产资源和其他材料的开采造成的排放本报告不予追溯；制造装配阶段是指将金属和非金属材料加工为汽车零部件，并进行组装匹配形成汽车产品的过程；运行使用阶段指汽车产品从运输进入市场、使用直至淘汰报废的整个过程；报废回收阶段指不满足国家相关法规的汽车产品被回收拆解、二次利用的过程。

增程式电动汽车产生的全生命周期环境效益，主要从温室气体排放方面进行分析。其中，温室气体包括二氧化碳（$CO_2$）、甲烷（$CH_4$）、氢氟碳化物（$HFC_s$）等。考虑到汽车产品的复杂性，清晰且不重复地划分单元并建立模型是得到科学结果的基础，因此，根据增程式电动汽车布置的特点，本报告将一辆完整的增程式电动汽车进一步划分为十大部分：车身、发动机、发电机（辅助动力单元，APU）、动力电池、变速器、底盘、电动机、流体、电控装置和起动电池，忽略一些重量和体积较小或对评价结果影响较小的材料或零件。其系统边界如图 2-4-8 所示。

## 2. 碳排放核算方法

2017 年我国碳交易市场正式启动，初期将电力行业纳入监管体系，随后纳入石油、钢铁、航空、建材等高污染、高碳排放企业。汽车行业是我国国民经济的支柱行业，产量规模大、产业高度集中，是我国节能减排的重要行业之一。因此，本报告对汽车生产的各个过程进行核算，碳排放核算方法主要有实测法、物料衡算法和排放系数法。

实测法是主要通过监测手段或国家环保部门认定的连续计量设备，测量排放气体的流速、流量和浓度，进而计算气体排放总量的统计计算方法。我国虽然安装了先进的烟气排放连续监测系统（CEMS），但考虑到对碳排放单独进行连续监测成本很高，因此这种方法不适合汽车制造企业的碳排放测算。

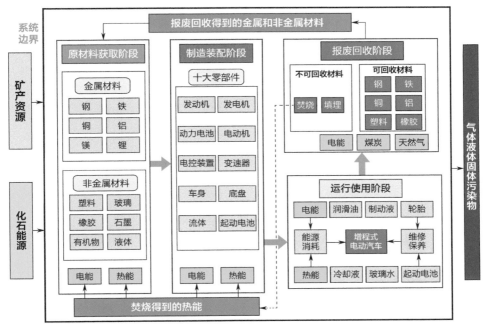

系统边界

报废回收得到的金属和非金属材料

原材料获取阶段　制造装配阶段　报废回收阶段

矿产资源

化石能源

气体液体固体污染物

● 图2-4-8　增程式电动汽车生命周期评价系统边界

物料衡算法的基本原理是质量守恒定律，即生产过程中输入系统或设备的物料质量必定等于该系统输出物料的质量，它是对生产过程中使用的物料进行定量分析的一种科学方法。但是，对于工艺复杂的生产过程，该方法的计算难度和工作量均很大，汽车制造业缺乏专业人员对其进行测算。因此，物料衡算法也不适合汽车制造企业进行碳排放测算。

排放系数法是联合国政府间气候变化专门委员会（Intergovernmental Panel on Climate Change，IPCC）碳排放技术指南提供的能源消费碳排放计算模式，指在正常技术经济和生产管理条件下，生产单位产品所产生的气体排放量的统计平均值。排放系数也称排放因子，其数值是企业在正常生产环境下生产单位产品所产生的排放物的量。排放系数法的计算公式如下：

$$E = \sum E_i = \sum M_i F_i \qquad (4-4)$$

式中，$E$ 为总的碳排放量，单位为 $kgCO_2eq$；$E_i$ 为第 $i$ 种物质的碳排放量，单位为 $kgCO_2eq$；$M_i$ 为第 $i$ 种物质的消耗量，单位为 $kg$；$F_i$ 为第 $i$ 种物质的碳排放系数，单位为 $kgCO_2eq/kg$。

本报告涉及的部分材料和能源的碳排放系数见表2-4-2和表2-4-3。

表 2 - 4 - 2　部分工业材料碳排放系数

| 材料名称 | 数值 | 单　位 |
|---|---|---|
| 钢 | 2.38 | kg $CO_2$ eq/kg |
| 铸铁 | 1.82 | kg $CO_2$ eq/kg |
| 铜及铜合金 | 4.23 | kg $CO_2$ eq/kg |
| 铝及铝合金 | 16.38 | kg $CO_2$ eq/kg |
| 橡胶 | 3.08 | kg $CO_2$ eq/kg |
| 热塑性材料 | 3.96 | kg $CO_2$ eq/kg |
| 热固性塑料 | 4.57 | kg $CO_2$ eq/kg |

表 2 - 4 - 3　部分能源生产排放系数

| 能源 | 数值 | 单　位 |
|---|---|---|
| 电力 | 0.635 | kg $CO_2$ eq/kW · h |
| 天然气 | 0.07 | kg $CO_2$ eq/$m^3$ |
| 煤炭 | 0.08 | kg $CO_2$ eq/kg |
| 柴油 | 0.536 | kg $CO_2$ eq/L |
| 汽油 | 0.487 | kg $CO_2$ eq/L |

表 2 - 4 - 2 和表 2 - 4 - 3 中 $CO_2$ eq 表示二氧化碳当量，含义如下所述。

根据联合国政府间气候变化专门委员会的第四次评估报告，不同温室气体对地球温室效应的贡献程度不同，在温室气体的总增温效应中，二氧化碳（$CO_2$）贡献约占 63%，甲烷（$CH_4$）贡献约占 18%，氧化亚氮（$N_2O$）贡献约占 6%，其他贡献约占 13%。为统一度量整体温室效应的结果，需要一种能够比较不同温室气体排放的量度单位。由于 $CO_2$ 增温效应的贡献最大，因此将其他温室气体等效为相应的 $CO_2$ 含量，这种方法得到的结果称为二氧化碳当量，作为度量温室效应的基本单位。二氧化碳当量的计算方法如式 4 - 5 所示：

$$CO_2 \, eq = GWP \times m \qquad (4-5)$$

式中，$CO_2$ eq 为二氧化碳当量；$GWP$ 为全球变暖潜值，无单位，$CO_2$ 的 $GWP$ 值为 1；$m$ 为温室气体质量，单位为 kg。

全球变暖潜值（Global Warming Potential，GWP）是 IPCC 提出的用于衡量混合温室气体相对于单位质量二氧化碳在所选定的时间内进行积分的辐射强迫指标，用来估测及比较许多不同气体的排放对气候系统的潜在影响。在 IPCC 第三次评估报告中对 GWP 的定义如下：某化学物质的全球变暖潜值定义为从开始释放 1kg 该物质起，一段时间内辐射效应对时间积分，相对于同条件下释放 1kg 参考气体（二氧化碳）对应时间积分的比值。常见温室气体的 $GWP$ 见表 2-4-4，$GWP$ 计算公式如下：

$$GWP = \frac{\int_0^T \alpha_x x(t) \, \mathrm{d}t}{\int_0^T \alpha_r r(t) \, \mathrm{d}t} \tag{4-6}$$

式中，$\alpha_x$ 表示单位目标气体的辐射效率，单位为 $\mathrm{Wm^{-2}kg^{-1}}$；$x(t)$ 表示单位目标气体在 $t=0$ 时间释放到大气后，随时间衰减之后的比例。分母表示二氧化碳的相关参数。

表 2-4-4　常见温室气体的全球变暖潜值

| 温室气体名称 | GWP 数值 |
| --- | --- |
| 二氧化碳（$CO_2$） | 1 |
| 甲烷（$CH_4$） | 23 |
| 氧化亚氮（$N_2O$） | 296 |
| 六氟乙烷（$C_2F_6$） | 11900 |
| 二氟甲烷（$CH_2F_2$） | 550 |

### 3. 增程式电动汽车碳排放核算建模

根据前文可知，增程式电动汽车的生命周期被划分为原材料获取、制造装配、运行使用、报废回收四个阶段，通过使用排放系数法将各个阶段的排放进行累加计算，可得到增程式电动汽车的全生命周期碳排放。全生命周期碳排放计算公式如下：

$$E_{\mathrm{LCA}} = E_{\mathrm{ycl}} + E_{\mathrm{zz}} + E_{\mathrm{sy}} + E_{\mathrm{hs}} \tag{4-7}$$

式中，$E_{\mathrm{LCA}}$ 为车辆所有阶段的碳排放，单位为 $\mathrm{kgCO_2eq}$；$E_{\mathrm{ycl}}$ 为原材料获取阶段的碳排放，单位为 $\mathrm{kgCO_2eq}$；$E_{\mathrm{zz}}$ 为制造装配阶段的碳排放，单位为 $\mathrm{kgCO_2eq}$；$E_{\mathrm{sy}}$ 为运行使用阶段的碳排放，单位为 $\mathrm{kgCO_2eq}$；$E_{\mathrm{hs}}$ 为报废回收阶段的碳排放，单位为 $\mathrm{kgCO_2eq}$。

在进行各阶段的详细建模之前，应对研究对象进行清晰的划分。由于汽车是复杂的工业产品，如果不能很好地划分各个系统的组成部分，在核算制造装配阶段的碳排放时就极易造成重复计算，降低核算结果的可信度。因此，将整车划分为前述十大部件，对于其他对结果影响很小的部件予以忽略。

（1）原材料获取阶段

在增程式电动汽车的原材料获取阶段，材料消耗主要包括两个部分：首先是将原油、原煤、矿石等物料经过加工冶炼和提炼萃取，生产出整车制造所需的金属和非金属原材料，如钢、铁、铜、铝、塑料、橡胶等；其次经过多种制造工艺将生产的原材料加工成型，形成车辆制造装配过程中可以直接使用的型材。原材料获取阶段的碳排放计算公式如下：

$$E_{\text{ycl}} = M_{ij} F_{ij} \tag{4-8}$$

式中，$E_{\text{ycl}}$为原材料获取阶段总的碳排放，单位为 $kgCO_2eq$；$M_{ij}$为生产第 $i$ 种汽车部件所需要的第 $j$ 种原材料质量，单位为 $kg$；$F_{ij}$为第 $i$ 种汽车部件的第 $j$ 种材料对应的碳排放系数，单位为 $kgCO_2eq/kg$。

根据前述清单分析结果，将汽车主要零部件划分为十大部分：增程器组（发动机、发电机）、动力电池、电动机、电控装置、变速器、车身、底盘、流体、起动电池。组成各部件的基本材料的大致占比如下。

1）发动机。该车型搭载 1.2T 三缸汽油发动机作为增程器，其额定功率和最大转矩分别为 96kW 和 174N·m，比功率 0.042。发动机主要由缸体、缸盖、活塞、连杆、曲轴、飞轮等零部件构成，主要使用铸铁、钢、铝、铜、橡胶和塑料等金属和非金属材料。发动机材料质量占比组成见表 2-4-5。

表 2-4-5　发动机材料质量占比

| 材料名称 | 占比 |
| --- | --- |
| 钢 | 27.3% |
| 铸铁 | 12.6% |
| 铸铝 | 42% |
| 铜 | 1.3% |
| 不锈钢 | 8.4% |
| 塑料 | 4.2% |
| 橡胶 | 4.2% |
| 合计 | 100% |

2）发电机。发电机的作用是将发动机曲轴飞轮组的旋转机械能转变为电能，为动力电池提供电能，其主要由转子、定子、壳体和基座组成，主要使用了钢、铸铝、铜等材料。发电机主要材料质量占比见表2-4-6。

表2-4-6 发电机材料质量占比

| 材料名称 | 占比 |
| --- | --- |
| 钢 | 36.1% |
| 铸铝 | 36.1% |
| 铜 | 27.3% |
| 其他 | 0.5% |
| 合计 | 100% |

3）动力电池。根据结构组成，动力电池主要分为六个部分：正极、负极、电解液、隔膜、壳体、电路，其材料构成复杂，包括镍钴锰酸锂、聚偏氟乙烯（PVDF）、N-甲基吡咯烷（NMP）、六氟磷酸锂（LiPF$_6$）、碳酸二甲酯（DMC）、聚乙烯（PE）、聚丙烯（PP）、石墨、铝基体和铝箔等。动力电池主体部分材料质量占比见表2-4-7。

表2-4-7 动力电池主体部分材料质量占比

| 主体部分名称 | 材料名称 | 占比 |
| --- | --- | --- |
| 正极 | 镍钴锰酸锂 | 28.2% |
| | 聚偏氟乙烯 | 1.2% |
| | 铝基体 | 19.7% |
| 负极 | 石墨 | 18.3% |
| | 聚偏氟乙烯 | 1.2% |
| | 铜箔 | 11.4% |
| 电解液 | 六氟磷酸锂 | 1.9% |
| | 碳酸乙烯酯 | 5.4% |
| | 碳酸二甲酯 | 5.4% |
| 隔膜 | 聚丙烯 | 1.7% |
| | 聚乙烯 | 0.3% |
| | 聚丙烯 | 1.2% |
| 壳体 | 钢 | 1.4% |
| | 玻璃纤维 | 0.4% |

| 主体部分名称 | 材料名称 | 占比 |
|---|---|---|
| 冷却液 | 乙二醇 | 1% |
| 电路 | 晶体管 | 0.65% |
| | 电阻器 | 0.65% |
| 合计 | | 100% |

4）电动机。电动机主要组成部件有电枢绕组、铁心、电机轴、永磁转子、壳体和基座，主要使用了铜丝、硅钢、钢、钕铁硼、铝合金等金属材料。电动机各部件材料质量占比见表2-4-8。

表2-4-8 电动机各部件材料质量占比

| 部件名称 | 材料名称 | 占比 |
|---|---|---|
| 电枢绕组 | 铜丝 | 15.7% |
| 铁心 | 硅钢 | 21.8% |
| 电机轴 | 钢 | 9.8% |
| 永磁转子 | 钕铁硼 | 13.2% |
| 壳体 | 铝合金 | 15.1% |
| 基座 | 铝合金 | 24.4% |
| 合计 | | 100% |

5）电控装置。增程式电动汽车电控装置可分为传感器、控制单元、执行器，随着电控装置的集成化发展，电控系统主要组成部件为逆变器、VCU、软起动器、散热器等模块。电控装置中的电路板的基本材料为铜和塑料，散热器的主要材料是铸铝，基座和支撑材料主要为钢。线束和电路板的印制使用了塑料、橡胶和有机物等。电控装置系统各部分的材料质量占比见表2-4-9。

表2-4-9 电控装置主要材料质量占比

| 材料名称 | 占比 |
|---|---|
| 钢 | 5% |
| 铸铝 | 47% |
| 铜 | 8.2% |
| 塑料 | 23.8% |
| 橡胶 | 3.7% |
| 有机物 | 12.3% |
| 合计 | 100% |

6）变速器。本报告评价的增程式电动汽车采用单速固定齿比变速器。变速器主要有齿轮、齿轮轴、同步器、箱体等部件，主要使用钢、铸铝、铜，以及塑料、橡胶、有机物等。变速器材料质量占比见表2-4-10。

表2-4-10 变速器材料质量占比

| 材料名称 | 占比 |
| --- | --- |
| 钢 | 60.5% |
| 锻铝 | 20% |
| 铜 | 19% |
| 塑料 | 0.2% |
| 有机物 | 0.3% |
| 合计 | 100% |

7）车身。车身包含的零部件众多，主要包括发动机舱盖总成、顶盖总成、翼子板及侧围总成、行李舱盖总成、前/后侧面车门总成、动力电池支架总成、前/后围总成、地板总成等，对于质量较小的部分予以忽略；主要包含的材料为钢、锻铝、铜、镁、塑料、玻璃、橡胶等。车身各部分材料质量占比见表2-4-11。

表2-4-11 车身材料质量占比

| 材料名称 | 占比 |
| --- | --- |
| 钢 | 68.7% |
| 锻铝 | 0.77% |
| 铜 | 1.93% |
| 镁 | 0.04% |
| 玻璃 | 6.62% |
| 塑料 | 17.4% |
| 橡胶 | 0.51% |
| 其他 | 4.03% |
| 合计 | 100% |

8）底盘。汽车底盘由传动、转向、行驶、制动四大系统组成，包含传动轴、转向器、轮胎、制动器、差速器等众多零部件，主要使用了钢、铸铁、铸铝、铜、塑料、橡胶等。汽车底盘材料质量占比见表2-4-12。

表 2 – 4 – 12　汽车底盘材料质量占比

| 材料名称 | 占比 |
|---|---|
| 钢 | 82.2% |
| 铸铝 | 0.94% |
| 铸铁 | 6.32% |
| 铜 | 2.27% |
| 塑料 | 3.33% |
| 橡胶 | 4.15% |
| 其他 | 0.79% |
| 合计 | 100% |

9）起动电池。汽车起动电池的作用是为起动电机供电，完成发动机的起动工作。汽车起动电池主要为铅酸蓄电池，主要材料包括铅、硫酸、聚丙烯、玻璃纤维、蒸馏水等，具体质量占比见表 2 – 4 – 13。

表 2 – 4 – 13　铅酸蓄电池材料质量占比

| 材料名称 | 占比 |
|---|---|
| 铅 | 69% |
| 硫酸 | 7.9% |
| 聚丙烯 | 6.1% |
| 玻璃纤维 | 2.1% |
| 蒸馏水 | 14.1% |
| 其他 | 0.8% |
| 合计 | 100% |

10）流体。增程式电动汽车生产过程中使用的流体主要包括六种：制动液、冷却液、发动机润滑油、变速器润滑油、玻璃清洗液（俗称玻璃水）、黏合剂，其中润滑油由基础油与添加剂构成，制动液主要是乙醇，冷却液主要是水和乙醇组成的混合物。汽车常用流体质量占比见表 2 – 4 – 14。

表 2 – 4 – 14　汽车常用流体质量占比

| 液体名称 | 占比 |
|---|---|
| 发动机润滑油 | 11.9% |
| 变速器润滑油 | 2.54% |

| 液体名称 | 占比 |
|---|---|
| 制动液 | 2.87% |
| 冷却液 | 32.2% |
| 玻璃水 | 8.39% |
| 黏合剂 | 42.1% |
| 合计 | 100% |

（2）制造装配阶段

增程式电动汽车的制造装配阶段分为两个方面：一方面是零部件的制造和组装，主要是对原材料获取阶段得到的型材进行车、铣、刨、磨、削等加工，形成零件并装配为发动机、动力电池、电动机等部件的过程；另一方面是整车的装配和其他耗能过程，包括涂装、焊接、车间照明及供暖等。制造装配阶段碳排放的计算公式见式（4-9）~式（4-11）：

$$E_{zz} = E_{lj} + E_{zc} \qquad (4-9)$$

$$E_{lj} = P_{ij} F_{ij} \qquad (4-10)$$

$$E_{zc} = P_{mn} F_{mn} \qquad (4-11)$$

式中，$E_{zz}$ 为制造装配阶段的排放，单位为 $kgCO_2eq$；$E_{lj}$ 为零件制造组装的排放，单位为 $kgCO_2eq$；$E_{zc}$ 为整车装配和其他耗能过程的排放，单位为 $kgCO_2eq$；$P_{ij}$ 为制造和装配第 $i$ 种汽车部件消耗的第 $j$ 种能源量，单位为 $kJ$；$F_{ij}$ 为制造和装配第 $i$ 种汽车部件消耗的第 $j$ 种能源的排放系数，单位为 $kgCO_2eq/kJ$；$P_{mn}$ 为整车装配阶段第 $m$ 种活动消耗的第 $n$ 种能源量，单位为 $kJ$；$F_{mn}$ 为整车装配阶段第 $m$ 种活动消耗的第 $n$ 种能源的排放系数，单位为 $kgCO_2eq/kJ$。

1）发动机。发动机的制造装配过程能耗主要包含缸盖、缸体、油底壳、活塞、曲轴、飞轮等主要零部件的能源消耗，在零部件制造过程中根据质量、单位质量能耗计算各部件的能耗，然后累计求和计算出发动机制造总能耗。发动机制造和装配过程中的能耗情况见表 2-4-15。

表 2 - 4 - 15　发动机制造和装配过程中的能耗情况

| 零部件名称/装配 | 质量占比 | 单位能耗/($kW \cdot h/kg$) |
|---|---|---|
| 气缸体 | 20% | 2.24052 |
| 缸盖 | 5.54% | 2.15201 |
| 活塞 | 0.86% | 5.64516 |
| 曲轴 | 15.1% | 0.33072 |
| 连杆 | 1.31% | 5.23404 |
| 飞轮 | 5.59% | 0.93905 |
| 凸轮轴 | 6.05% | 0.44367 |
| 其他件 | 45.55% | 3.47047 |
| 装配 | — | 0.6447 |
| 合计 | 100% | |

2）发电机。发电机在制造和装配过程中主要消耗电能和热能，由于发电机定子、转子、壳体和底座相关数据的开放限制，本报告采用材料加工行业平均数据进行代替，发电机制造过程的能耗情况见表 2 - 4 - 16。

表 2 - 4 - 16　发电机制造过程能耗情况

| 材料名称 | 质量占比 | 单位电耗/($MJ/kg$) | 单位热能消耗/($MJ/kg$) |
|---|---|---|---|
| 铸铝 | 36.1% | 4.16 | 2.09 |
| 钢 | 36.1% | 4.87 | — |
| 铜 | 27.3% | 5.98 | 2.03 |
| 其他 | 0.5% | — | — |
| 合计 | 100% | | |

3）动力电池。动力电池在加工制造过程中主要涉及正极、负极、隔膜等主体部分的生产加工。由于动力电池结构、组成部分及材料庞杂，所以本报告主要根据单位质量能耗计算动力电池的总体能耗，详细数值见表 2 - 4 - 17。

表 2 - 4 - 17　动力电池制造装配能耗情况

| 部件名称/装配 | 单位电耗/($MJ/kg$) | 单位天然气/($m^3/kW \cdot h$) |
|---|---|---|
| 三元锂电池包 | 11.7 | 1.95 |
| 磷酸铁锂电池包 | 11.7 | 1.95 |
| 装配 | 2.67 | — |

4）电动机。电动机主要由电枢绕组、永磁转子、壳体和基座构成，其制造装配和加工工艺与发电机类似，主要消耗电能和热能，其能耗情况见表2-4-18。

表2-4-18 电动机制造装配能耗情况

| 零部件名称/装配 | 质量占比 | 单位电耗/（MJ/kg） | 单位热能/（MJ/kg） |
|---|---|---|---|
| 电枢绕组 | 15.7% | 5.98 | 2.03 |
| 铁心 | 21.8% | 0.64 | — |
| 永磁转子 | 9.8% | 7.31 | 5.1 |
| 电机轴 | 13.2% | 4.87 | — |
| 壳体和基座 | 39.5% | 4.16 | 2.09 |
| 装配 | — | 0.59 | |

5）电控系统。增程式电动汽车电控系统组成部件包括传感器、电子控制单元、驱动器、控制程序软件等，由于汽车电子元件的集成化，各主要部分能耗数据较难获取，因此本报告参考现有文献使用行业平均数据。在电控系统制造装配过程中本报告只考虑电能的消耗，其能耗情况见表2-4-19。

表2-4-19 电控系统制造装配能耗情况

| 部件名称 | 单位能耗/（MJ/kg） |
|---|---|
| 电控系统 | 1.43 |

6）变速器。增程式电动汽车变速器主要由齿轮、齿轮轴、同步器和箱体等组成，在加工过程中主要消耗电能、热能和少量柴油，各部分具体能耗值见表2-4-20。

表2-4-20 变速器制造装配能耗情况

| 部件名称/装配 | 单位电耗/（kW·h/kg） | 单位热能/（MJ/kg） | 单位柴油/（kg/kg） |
|---|---|---|---|
| 齿轮和齿轮轴 | 1.79 | 3.24 | 0.0027 |
| 同步器 | 1.66 | 2.03 | — |
| 变速器箱体 | 2.43 | 6.66 | 0.0014 |
| 装配 | 0.063 | 0.026 | 0.026 |

7）车身。车身在加工制造过程中主要涉及的制造工艺有冲压、焊接、涂装和总装，各个工艺过程主要包括铸造、锻造、机械加工、热处理、模塑以

及涂漆和防腐处理等。此外，车身制造装配过程主要涉及电能，各总成能耗情况见表2-4-21。

表2-4-21　车身制造装配能耗情况

| 总成名称 | 单位电耗/（MJ/kg） |
| --- | --- |
| 发动机舱盖总成 | 1.4787 |
| 顶盖总成 | 1.1936 |
| 翼子板及侧围总成 | 5.076 |
| 行李舱盖总成 | 3.178 |
| 车门总成 | 1.975 |
| 动力电池支架总成 | 1.006 |
| 前围总成 | 1.14528 |
| 后围总成 | 1.14528 |
| 地板总成 | 4.2893 |
| 车身总成 | 0.7359 |

8）底盘。增程式电动汽车底盘在制造装配过程中主要涉及车轮总成、制动、转向、行驶、悬架等系统，各个部分的加工流程均有所不同，如车轮总成的生产过程包括轮胎、轮辋、轮辐装配形成车轮等过程，底盘装配主要包括燃油管/箱、动力总成、悬架等。底盘在加工制造过程中主要消耗电能和热能，根据相关参考文献得到表2-4-22所示能耗数值。

表2-4-22　底盘制造装配能耗情况

| 部件名称 | 单位电耗/（MJ/kg） | 单位热能/（MJ/kg） |
| --- | --- | --- |
| 轮胎 | 2.3495 | — |
| 轮辐 | 2.6825 | — |
| 制动系统 | 1[①] | — |
| 转向系统 | 1[①] | — |
| 悬架系统 | 0.21429 | 2.7713 |
| 差速器 | 0.21429 | — |
| 驱动轴 | 0.21429 | — |
| 支架 | 0.21429 | — |

①　代表假设值。

9）流体。增程式电动汽车出厂之前要加注的主要流体有发动机润滑油、变速器润滑油、制动液、冷却液等，生产过程中主要消耗电能。各流体的能耗情况见表2-4-23。

表2-4-23 流体生产能耗情况

| 流体名称 | 单位能耗/（MJ/kg） |
| --- | --- |
| 发动机润滑油 | 57.7 |
| 变速器润滑油 | 57.7 |
| 制动液 | 21.1 |
| 冷却液 | 21.1 |
| 玻璃水 | 18.1 |
| 黏合剂 | 114.8 |

10）起动电池。车用起动电池主要为铅酸蓄电池，其加工制造工艺与动力电池相似，因此其能耗数据参考动力电池生产的能耗数据，详细数据见表2-4-24。

表2-4-24 铅酸蓄电池制造装配能耗情况

| 部件名称 | 单位电耗/（MJ/kg） | 单位天然气/（m³/kW·h） |
| --- | --- | --- |
| 铅酸蓄电池 | 11.7 | 1.95 |

在各个零部件完成制造装配后，需要在整车厂完成总装配。根据整车厂提供的调研数据，单车平均能耗情况见表2-4-25。

表2-4-25 整车装配阶段单车平均能耗情况

| 项目名称 | 电能/kW·h | 天然气/m³ |
| --- | --- | --- |
| 涂装 | 166 | 47.8 |
| 焊装 | 57.9 | — |
| 总装 | 32 | 1 |
| 动力站房 | 98.4 | — |
| 合计 | 354.3 | 48.8 |

（3）运行使用阶段

增程式电动汽车在运行使用阶段产生的碳排放可分为两个部分：一部分

是轮胎、蓄电池、润滑油、冷却液等部件和流体更换产生的碳排放；另一部分是汽车在使用过程中消耗能源产生的排放，主要是电能生产、燃油生产及燃烧产生的排放。运行使用阶段的碳排放计算公式见式（4-12）~式（4-14）：

$$E_{sy} = E_{gh} + E_{ny} \qquad (4-12)$$

$$E_{gh} = \sum M_i N_i F_i \qquad (4-13)$$

$$E_{ny} = \sum P_j (F_j + F_{js}) \qquad (4-14)$$

式中，$E_{sy}$ 为运行使用阶段的总排放，单位为 $kgCO_2eq$；$E_{gh}$ 为汽车耗材更换产生的碳排放，单位为 $kgCO_2eq$；$E_{ny}$ 为车辆运行使用中由于消耗能源产生的排放，单位为 $kgCO_2eq$；$M_i$ 为第 $i$ 种部件的质量，单位为 $kg$；$N_i$ 为第 $i$ 种部件的更换次数；$F_i$ 为第 $i$ 种部件的碳排放系数，单位为 $kgCO_2eq/kJ$；$P_j$ 为使用过程中消耗的第 $j$ 种能源量，单位为 $kJ$；$F_j$ 为使用过程中消耗的第 $j$ 种能源的碳排放系数，单位为 $kgCO_2eq/kJ$；$F_{js}$ 为使用过程中第 $s$ 种汽车部件消耗的第 $j$ 种能源生产过程中的碳排放系数，单位为 $kgCO_2eq/kJ$。

经过广泛的文献调研，本报告将我国乘用车全生命周期平均行驶里程定为 15 万 km，轮胎和铅酸蓄电池每 5 万 km 更换一次，发动机润滑油每5000km 更换一次，冷却液、制动液每 5 万 km 更换一次，玻璃水每 1 万 km 加注一次。汽车运行使用阶段保养零部件及流体更换情况见表 2-4-26。

表 2-4-26　汽车运行使用阶段保养零部件及流体更换情况

| 部件/流体名称 | 更换周期/km | 更换次数 |
| --- | --- | --- |
| 轮胎 | 50000 | 2 |
| 铅酸蓄电池 | 50000 | 2 |
| 发动机润滑油 | 5000 | 29 |
| 制动液 | 50000 | 2 |
| 冷却液 | 50000 | 2 |
| 玻璃水 | 10000 | 14 |

增程式电动汽车主要有纯电驱动、行车充电、制动能量回收和停车充电四个工作模式，在使用过程中消耗了电能和燃油，根据子报告四第一部分中的数据获取和能耗计算方法，得到目标车型的纯电动百公里电耗为 21.88kW·h，纯电动行驶里程占比为 57.79%，百公里综合油耗为 4.02L，增程续驶里程占比为 42.21%。其使用阶段能耗情况见表 2-4-27。

表2-4-27　使用阶段能耗情况

| 能耗模式 | 占比 | 行驶里程 | 百公里能耗 | 总能耗 |
|---|---|---|---|---|
| 纯电驱动 | 57.79% | 86685/km | 21.88/kW·h | 18966.7/kW·h |
| 增程模式 | 42.21% | 63315/km | 4.02L | 6030L |

（4）报废回收阶段

车辆经过一定的行驶里程及规定的使用年限后，经过拆解、粉碎、再生产、再制造、再利用等主要程序对其进行合理的报废回收，有利于资源的再次利用和节约能耗。本报告将车辆的报废回收分为车辆主体报废回收和动力电池报废回收，其中车辆主体的回收主要考虑了发动机、变速器、车身、底盘等各大部件的金属材料的再生利用，而动力电池主要考虑了三元锂材料的回收。

动力电池的再生利用技术分为火法回收技术、湿法回收技术以及火法-湿法联合回收技术。本节选用火法-湿法联合回收技术作为动力电池系统的再生利用方案，该技术是将废三元锂电池系统经过简单的预处理拆解和放电后，进行高温熔炼、浸出、氧化、高温烧结等过程重新制得电池正极材料。该工艺流程主要将火法回收技术的产物进一步采用湿法提纯，这样既对反应对象的要求较低，又可以减少金属元素浪费。火法-湿法联合回收工艺流程如图2-4-9所示。

🔺 图2-4-9　三元锂电池火法-湿法联合回收技术工艺流程

在车辆报废回收过程中，回收部分零部件需要以消耗一定的能源为基础，回收的材料对环境产生了正向效益，综合回收部件材料所产生的间接资源和能源节约，两者的综合值即为整个阶段所产生的排放，以此建立报废回收阶段的核算模型，见式（4-15）~式（4-17）：

$$E_{hc} = E_{fc} - E_{gh} \qquad (4-15)$$

$$E_{fc} = \sum P_j F_j \qquad (4-16)$$

$$E_{gh} = \sum M_i C_i F_i \qquad (4-17)$$

式中，$E_{hc}$ 为报废回收阶段对环境效益产生的综合碳排放，单位为 $kgCO_2eq$；$E_{fc}$ 为报废回收阶段消耗能源产生的碳排放，单位为 $kgCO_2eq$；$E_{gh}$ 为材料回收再利用的等效碳排放，单位为 $kgCO_2eq$；$P_j$ 为报废回收阶段消耗的第 $j$ 种能源的能源量，单位为 $kg$；$F_j$ 为报废回收阶段消耗的第 $j$ 种能源的碳排放系数，单位为 $kgCO_2eq/kg$；$M_i$ 为第 $i$ 种材料的质量，单位为 $kg$；$C_i$ 为第 $i$ 种材料的回收利用率；$F_i$ 为第 $i$ 种材料的碳排放系数，单位为 $kgCO_2eq/kg$。

报废回收阶段车辆金属材料回收率及能耗情况见表 2 - 4 - 28。三元锂电池火法 - 湿法联合回收物质及能量情况见表 2 - 4 - 29。

表 2 - 4 - 28　报废回收阶段车辆金属材料回收率及能耗情况

| 材料名称 | 回收率 | 煤炭/kg | 天然气/m³ | 电力消耗/kW·h |
|---|---|---|---|---|
| 钢 | 85% | — | 0.0066 | 1.176 |
| 铸铁 | 80% | 0.313 | | 0.622 |
| 铜 | 95% | — | — | 2.65 |
| 铝 | 90% | | 0.047 | 0.2211 |

表 2 - 4 - 29　三元锂电池火法 - 湿法联合回收物质及能量情况

| 类型 | 物质名称 | 数值 |
|---|---|---|
| 消耗 | 天然气 | 0.213kg |
| | 废三元锂电池 | 1kW·h |
| | 造渣剂 | 11kg |
| | 石灰石 | 1kg |
| | 冶金焦炭 | 1.1kg |
| | 水 | 82.4kg |
| | 盐酸 | 1.37kg |
| | 过氧化氢 | 0.193kg |
| | 氢氧化钙 | 0.288kg |
| | 碳酸锂 | 0.696kg |
| 产出 | 二氧化碳 | 2.45kg |
| | 三元锂材料 | 1.84kg |

## （三）　主要零部件生命周期评价

根据上述内容建立的发动机、发电机、动力电池、电动机等十大部件在原材料获取阶段、制造装配阶段、运行使用阶段以及报废回收阶段的碳排放核算模型，计算出对应部件的二氧化碳当量排放，并对碳排放核算结果进行对比分析。原材料获取阶段及制造装配阶段各部件的碳排放如图 2 - 4 - 10 所示。

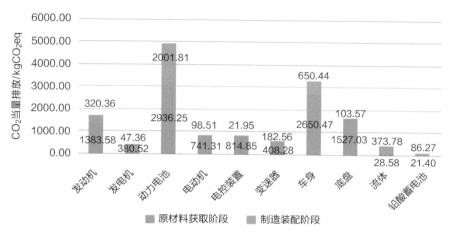

○ 图 2 - 4 - 10 原材料获取和制造装配阶段各部件当量碳排放

图 2 - 4 - 10 中，横轴为增程式电动汽车各部件名称，纵轴为各部件在原材料获取阶段和制造装配阶段产生的二氧化碳当量，单位为 kg $CO_2$ eq。其中，蓝色部分表示原材料获取阶段的碳排放，橙色部分表示制造装配阶段的碳排放；上方数据为制造装配阶段的碳排放数值，下方数据为原材料获取阶段的碳排放数值。

原材料获取阶段碳排放最高的是动力电池，其次是车身，然后是底盘和发动机。车身和底盘由于其质量在各部件中占比较大，因此分担了相当一部分的碳排放量。动力电池由于其材料组成复杂，部分材料冶炼和制备困难，因此在获取原材料阶段碳排放核算时占比较大。由于发动机技术的进步和汽车轻量化的要求，目前发动机缸体、气缸盖、活塞等部件大多采用铸铝或者铝合金材料，而铸铝和铝合金在工业冶炼时多采用电解法，1t 铝等效消耗 3.2t 标准煤（1t 钢等效消耗 0.68t 标准煤），能耗很高。因此，从节能减排的角度而言，一味采用铝材实现发动机和整车的轻量化不见得是好的举措。

如图 2 - 4 - 10 所示，在制造装配阶段，动力电池的碳排放比其他部件高

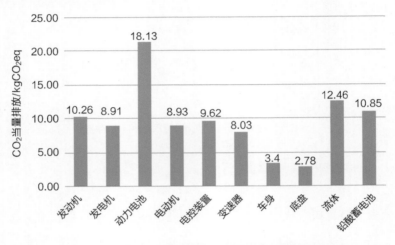 出许多，这是由于动力电池的制造工艺复杂，正极、负极、隔膜等主体部分的加工制备极其困难，消耗了大量的电能和天然气。车身部分产生较高排放的原因与原材料获取阶段一样，主要是质量占比大。对于发动机而言，由于零件结构复杂、非标准件数量多以及总装工艺复杂，需要消耗大量的电能，因此产生较高的碳排放。

考虑到发动机、动力电池、车身、电动机等部件的质量相差较大，各部件在进行碳排放比较时应在统一量级下进行，因此各部件单位质量下的二氧化碳排放更能反映实际节能水平。各主要部件在原材料获取和制造装配阶段的单位质量下当量碳排放如图 2-4-11 所示。

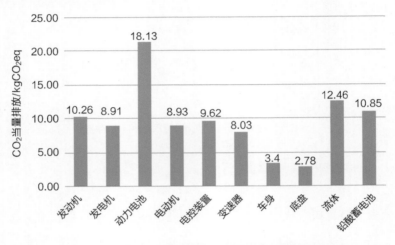

● 图 2-4-11　各主要部件单位质量当量碳排放

如图 2-4-11 所示，增程式电动汽车各部件的单位质量碳排放为 2.78~18.13kg CO$_2$eq，其中动力电池的单位质量当量碳排放最大，是车身单位质量当量碳排放的 5 倍多，其次是流体。传统意义上的汽车轻量化主要是对车身和底盘系统的轻量化，根据上述结果，从节能减排的角度看，通过调整材料配方和工艺流程增大动力电池包的比能量，对动力电池实现轻量化更具价值和意义。

与增程式电动汽车不同的是，纯电动汽车仅用电能作为驱动能源，因此往往搭载更大容量的动力电池。并且随着纯电动汽车近年来的持续推广，动力电池部件的容量和质量还在不断增大，目前市面上热销纯电动车型的动力电池容量普遍为 55~80kW·h，质量为 350~500kg。尽管未来随着电池技术的进步和比能量的不断提高，动力电池包质量可以逐步适当减小，但是目前来看，动力电池质量占纯电动汽车质量的比例仍相当大。因此，从原材料获取阶段和制造装配阶段各部件产生的碳排放的角度进行评估，纯电动汽车的节能减排效果不如增程式电动汽车。

### （四） 生命周期评价结果及分析

#### 1. 增程式电动汽车碳排放结果分析

根据上述内容建立的汽车碳排放核算模型，对汽车全生命周期内各个阶段产生的碳排放进行量化。根据收集到的某型号增程式电动汽车的物料清单和能耗清单，使用 IPCC 碳排放系数法计算得到整车在全生命周期内各个阶段的碳排放值如图 2-4-12 所示。

◎ 图 2-4-12　增程式电动汽车各阶段碳排放

如图 2-4-12 所示，增程式电动汽车四个阶段产生的碳排放绝对值由大到小依次为运行使用阶段、原材料获取阶段、报废回收阶段和制造装配阶段。其中，运行使用阶段的碳排量值占比最大（79.55%），这主要是由于在这个阶段消耗大量电能和汽油，而汽油在燃烧过程中排放的温室气体直接排放到空气中，对环境造成较大影响，加之我国电能结构以火力发电为主,火力发电所燃烧的大量煤炭进一步增加了碳排放量;其次为原材料获取阶段(29.02%)、制造装配阶段(10.35%)。报废回收阶段对金属材料和动力电池进行了二次利用,碳排放值占比为-18.92%,对环境产生正效益。

原材料获取阶段的碳排放主要来源是将矿产资源冶炼为汽车生产过程中可以直接利用的金属材料和非金属材料的过程,其中单位质量原材料碳排放占比最高的是动力电池部件。因此,如何优化动力电池材料冶炼和制备工艺是减少该阶段碳排放的关键因素。

制造装配阶段的碳排放来源主要是各零部件加工和装配过程中的能耗,其中能耗最高的是动力电池的制造装配,占比51.49%。因此,如何优化动力电池的制造工艺,减小其制造装配过程中的能耗,是制造装配阶段节能减排的重要路径。此外,由于制造装配阶段主要消耗的是电能,因此优化我国能源结构,更多地采用风-电、地热-电、潮汐-电等能源转换路径同样有助于该阶段的节能减排。

如上所述,运行使用阶段的碳排放主要来自于电能和汽油的消耗,因此如何发展多种节能减排和汽车轻量化技术路径,减小汽车在使用过程中的能耗是该环节节能减排的核心工作。此外,车辆在使用过程中轮胎、润滑油、制动液等耗材的更换同样会"贡献"少部分碳排放。

报废回收阶段通过拆解、熔炼、再生产、再利用等过程,实现了材料的二次利用,对环境产生了正向效益,避免产生不必要的排放,在核算过程中应扣除该部分。在报废回收阶段,动力电池的回收产生了较多的环境正效益(15.79%),而目前我国对动力电池的回收利用还处于起步阶段,如何提高动力电池的利用率、减少回收过程中的环境污染具有重要意义。

### 2. 增程式电动汽车与传统燃油汽车碳排放对比分析

(1) 传统燃油汽车对比车型选取

在车辆全生命周期的各个阶段,车型、尺寸、车重的不同会导致车辆的碳排放产生很大差异,因此在进行比较时应选择同一级别的车型进行比较。车型级别划分依据见表2-4-30。

表 2 – 4 – 30　车型划分依据

（单位：mm）

| 车　型 | 参数 | A00 级 | A0 级 | A 级 | B 级 | C 级 |
|---|---|---|---|---|---|---|
| 轿车 | 轴距 | <2450 | 2350～2600 | 2600～2750 | 2700～2900 | 2850～3250 |
| | 两厢长度 | <3750 | 3750～4400 | 4200～4700 | 4700～5000 | 4950～5150 |
| | 三厢长度 | <4200 | 4100～4500 | 4350～4750 | | |
| SUV | 轴距 | — | <2650 | 2600～2750 | 2750～2900 | >2900 |
| | 长度 | | <4350 | 4350～4750 | 2700～5000 | >5000 |
| MPV | 轴距 | | <2800 | 2800～2900 | >2900 | — |
| | 长度 | | <4600 | 4600～4800 | >4800 | |

注：当车长和轴距划分依据冲突时，以轴距划分优先。

根据上述车型级别划分依据，综合考虑车型数据获取难度、销售量、车型代表性等因素，选取某同级别传统 B 级 SUV 燃油汽车作为比较对象。该车型整车性能参数见表 2 – 4 – 31。

表 2 – 4 – 31　某 B 级 SUV 燃油汽车车型参数

| 参数类型 | 参数名称 | 类型/数值 |
|---|---|---|
| 整车参数 | 级别车型 | B 级 SUV |
| | 整备质量/kg | 2285 |
| 发动机参数 | 类型 | 四缸汽油发动机 |
| | 最大功率/kW | 165 |
| | 最大转矩/N·m | 385 |
| | 排量/L | 2.0 |
| | 功率/整备质量/(kW/kg) | 0.072 |
| 变速器参数 | 变速器类型 | 8 档手自一体 |
| 动力性参数 | 最高车速/(km/h) | 170 |
| | 百公里加速时间/s | 9.8 |
| 经济性参数 | 百公里综合油耗/L | 12.6（实测） |

（2）传统燃油汽车碳排放核算模型

传统燃油汽车的碳排放核算模型与上述增程式电动汽车碳排放核算模型一致，均采用 IPCC 碳排放系数法，分为原材料获取、制造装配、运行使用、报废回收四个阶段。为了节省篇幅，避免内容重复，下面仅对不同部分予以论述，对于相同部分不再赘述。

1）原材料获取阶段。由于动力系统结构的不同，传统燃油汽车相比增程式电动汽车不包含动力电池、电动机等部件，同时燃油汽车发电机由于质量占比过小，不再进行单独计算。因此，燃油汽车原材料获取阶段主要分为发动机、变速器、白车身、电控装置、车身附件、底盘、流体、蓄电池八个部分，各部分的质量占比见表 2-4-32。

表 2-4-32 燃油汽车各部分质量占比

| 各部分名称 | 质量/kg | 质量占比 |
|---|---|---|
| 发动机 | 221.324 | 9.56% |
| 变速器 | 58.338 | 2.52% |
| 白车身 | 622.504 | 26.89% |
| 电控装置 | 23.15 | 1% |
| 车身附件 | 709.27 | 29.57% |
| 底盘 | 626 | 27.04% |
| 流体 | 42.83 | 1.85% |
| 蓄电池 | 10 | 0.43% |

2）制造装配阶段。传统燃油汽车与增程式电动汽车的制造装配阶段一样，均是对上述原材料获取阶段得到的材料进行机械加工形成各类汽车零部件，并在整车生产车间装配成汽车产品。制造装配阶段的零部件单位质量能耗参见表 2-4-15～表 2-4-25。

3）运行使用阶段。传统燃油汽车运行使用阶段产生的排放同样分为零部件更换排放和能耗排放。轮胎、蓄电池、润滑油、制动液、冷却液等的更换次数见表 2-4-26。根据文献调研结果，我国乘用车全生命周期平均行驶里程定为 15 万 km，该燃油汽车百公里实测油耗为 12.6L。因此，在运行使用阶段该车型共消耗 18900L 燃油。

4）报废回收阶段。传统燃油汽车的报废回收不包含动力电池的回收利用，仅是车辆主体材料的回收利用。考虑到车辆实际进行报废回收时，大多是对车辆金属材料进行拆解、熔炼再生产，本报告对非金属材料的回收利用不予考虑。车辆金属材料回收率及能耗见表 2-4-28。

（3）传统燃油汽车碳排放核算结果

根据上述传统燃油汽车的碳排放核算模型，应用 IPCC 碳排放系数法对传统燃油汽车的原材料获取阶段、制造装配阶段、运行使用阶段分别进行碳排放核算，结果如图 2-4-13 所示。

◐ 图 2-4-13 传统燃油汽车各阶段碳排放及占比

如图 2-4-13 所示，传统燃油汽车全生命周期内的碳排放绝对值从大到小依次为运行使用阶段、原材料获取阶段、报废回收阶段和制造装配阶段。其中运行使用阶段的碳排放"贡献"最大，占比达到 88.16%，其主要原因在于传统燃油汽车以汽油等石化燃料作为唯一能量来源。在燃油汽车的运行使用过程中，内燃机内部汽油的大量燃烧向空气中直接释放了大量的二氧化碳，产生大量排放，加剧了温室效应。尤其是进入拥堵路段行驶时，燃油汽车内燃机工况恶化不仅会加剧燃油消耗，产生更多二氧化碳排放，还会产生二氧化硫、氮氧化物等有害气体，造成更大的环境危害。

原材料获取阶段的碳排放占比为 14.15%，该阶段的碳排放主要来自金属材料的冶炼和非金属材料的生产，对于矿产资源的开采不予考虑。制造装配阶段的碳排放占比为 4.01%，该过程的碳排放主要来自电能的消耗。电能作为二次能源，需要由其他能源转换而来，我国的电力生产主要来自火力发电，火力发电的燃煤在燃烧过程中释放了大量二氧化碳。报废回收阶段主要考虑了金属材料的二次利用，占比为 −6.31%，对环境产生了正向效益。

（4）增程式电动汽车与燃油汽车碳排放核算结果对比

在建立增程式电动汽车和传统燃油汽车的碳排放核算模型的基础上，为了衡量增程式电动汽车的节能减排优势，本节将从全生命周期角度对两种车型的碳排放进行比较。增程式电动汽车与传统燃油汽车各阶段的碳排放及单位里程碳排放如图2−4−14、图2−4−15所示。

◎ 图2−4−14　增程式电动汽车与传统燃油汽车碳排放比较

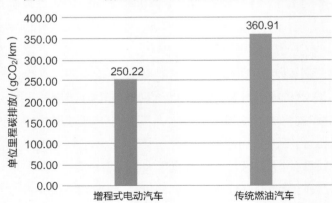

◎ 图2−4−15　增程式电动汽车与传统燃油汽车单位里程碳排放比较

如图2−4−14所示，在原材料获取阶段和制造装配阶段，增程式电动汽车产生的碳排放是大于传统燃油汽车的，这主要是因为传统燃油汽车不具有动力电池、电动机等生产高能耗部件，节省了大量能源和材料。而在运行使用阶段，结果恰恰相反，增程式电动汽车的碳排放是远小于传统燃油汽车的。在报废回收阶段由于考虑了动力电池的二次利用，增程式电动汽车产生了更大的环境正效益。

为了在全生命周期内对增程式电动汽车与传统燃油汽车的碳排放差距进行量化，将两者的全生命周期碳排放均分到全生命周期内（行驶15万km），得出图 2-4-15 所示结果。增程式电动汽车的每千米碳排放为 250.22g $CO_2$eq，传统燃油汽车的每千米碳排放为 360.91g $CO_2$eq，增程式电动汽车相比传统燃油汽车减少了 30.67% 的碳排放。

增程式电动汽车同时具备纯电动汽车和传统燃油汽车的优点，增程器组不直接参与驱动，发动机始终处于高效区间，减少了由于发动机工况恶化带来的不必要排放。此外，与纯电动汽车一样，增程式电动汽车的电机在参与制动时，将车辆动能转化为电能储存在动力电池中，实现了再生制动，进一步提升了能源利用率。相比于仅使用汽油燃料的传统燃油汽车，增程式电动汽车使用了较大比例的电能，在运行过程中更加"清洁"。在上述因素的作用下，增程式电动汽车显然比传统燃油汽车更加符合我国汽车产业节能减排的技术路线。

### 3. 增程式电动汽车与纯电动汽车碳排放对比分析

（1）纯电动汽车对比车型选取

根据前述车型级别划分依据，综合考虑车型数据获取难度、销售量、车型代表性等因素，选取某 B 级 SUV 纯电动车型作为比较对象。该车整车性能参数见表 2-4-33。

表 2-4-33　某 B 级 SUV 纯电动车型参数

| 参数类型 | 参数名称 | 类型/数值 |
|---|---|---|
| 整车参数 | 级别车型 | B 级 SUV |
| | 整备质量/kg | 2345 |
| | 长×宽×高/mm | 4850×1965×1731 |
| | 轴距/mm | 2900 |

（续）

| 参数类型 | 参数名称 | 类型/数值 |
|---|---|---|
| 驱动电机参数 | 类型 | 前永磁/后交流 |
| | 最大功率/kW | 400 |
| | 前电机最大功率/kW | 160 |
| | 后电机最大功率/kW | 240 |
| | 功率/整备质量/(kW/kg) | 0.171 |
| 动力电池参数 | 类型 | 三元锂 |
| | 电量/kW·h | 100 |
| | 电量/整备质量/(kW·h/kg) | 0.043 |
| 变速器 | 变速器类型 | 固定齿比变速器 |
| 动力性参数 | 最高车速/(km/h) | 200 |
| | 百公里加速时间/s | 5.6 |
| 经济性参数 | 纯电动续驶里程/km | 465 |
| | 百公里电耗/kW·h | 19.9 |

（2）纯电动汽车碳排放核算模型

纯电动汽车的碳排放核算模型与增程式电动汽车碳排放核算模型相同，均采用 IPCC 碳排放系数法，分为原材料获取、制造装配、运行使用、报废回收四个阶段。下面仅对不同部分予以介绍。

1）原材料获取阶段。由于动力系统结构的不同，纯电动汽车相比增程式电动汽车没有发动机、发电机等部件。因此，纯电动汽车原材料获取主要为动力电池、电机、变速器、车身、底盘、电控装置、流体七个部分的材料获取，各部分的质量占比见表 2-4-34。

表 2-4-34　纯电动汽车各部分的质量及质量占比

| 各部分名称 | 质量/kg | 质量占比 |
|---|---|---|
| 三元锂动力电池 | 597.69 | 26.1% |
| 电机 | 112.21 | 4.9% |
| 电控装置 | 98.47 | 4.3% |
| 变速器 | 54.96 | 2.4% |
| 车身 | 888.52 | 38.8% |

| 各部分名称 | 质量/kg | 质量占比 |
|---|---|---|
| 底盘 | 508.38 | 22.2% |
| 流体 | 29.77 | 1.3% |
| 合计 | 2290 | 100% |

2）制造装配阶段。纯电动汽车与增程式电动汽车的制造装配阶段相同，均是对上述原材料获取阶段得到的材料进行机械加工形成各类汽车零部件，并在整车生产车间装配成汽车产品。制造装配阶段的零部件单位质量能耗参见上述内容。

3）运行使用阶段。纯电动汽车运行使用阶段产生的排放分为零部件/流体更换排放和电能生产排放。轮胎、润滑油、制动液、冷却液等的更换次数见表 2-4-26。尽管纯电动汽车在运行使用阶段消耗的是电能，没有直接向空气中排放气体，但是电能的生产是会产生碳排放的，这实际上是一个排放转移的过程。因此，本节对纯电动汽车消耗的电能也进行碳排放核算。根据调研结果，我国乘用车全生命周期平均行驶里程定为 15 万 km，该车型百公里电耗为 19.9kW·h。因此，在运行使用阶段共消耗 29850kW·h 的电能。

4）报废回收阶段。纯电动汽车的报废回收包含动力电池和车辆主体材料的回收利用，动力电池的报废回收方案为火法-湿法联合回收技术。考虑对车辆主体实际进行报废回收时，大多是对车辆金属材料进行拆解、熔炼再生产，本报告对非金属材料的回收利用不予考虑。车辆金属材料回收利用率和三元锂电池回收物质情况见表 2-4-28 和表 2-4-29。

（3）纯电动汽车碳排放核算结果

根据上述纯电动汽车的碳排放核算模型，应用 IPCC 碳排放系数法对纯电动汽车的原材料获取阶段、制造装配阶段、运行使用阶段分别进行碳排放核算，结果如图 2-4-16 所示。

如图 2-4-16 所示，纯电动汽车全生命周期内的碳排放绝对值从大到小依次为运行使用阶段、原材料获取阶段、报废回收阶段和制造装配阶段。其中运行使用阶段的碳排放"贡献"最大，占比达到了 65.87%，主要原因是电能的生产消耗了大量的煤炭和天然气资源，尤其在我国以火力发电为主的电能供给结构下，纯电动汽车在运行使用阶段产生的排放尤为可观。

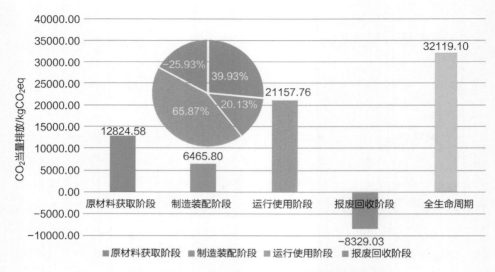

◎图2-4-16　纯电动汽车各阶段碳排放核算结果

原材料获取阶段的碳排放占比为39.93%，该阶段的碳排放主要来自金属材料的冶炼和非金属材料的生产，尤其是动力电池正负极材料的制备。制造装配阶段的碳排放占比为20.13%，该过程的碳排放主要来自电能的消耗，尤其是动力电池制造装配过程中的电能消耗。报废回收阶段主要考虑了金属材料和动力电池的二次利用，占比为－25.93%，对环境产生了正向效益。

（4）增程式电动汽车与纯电动汽车碳排放核算结果对比

在建立增程式电动汽车和纯电动汽车碳排放核算模型的基础上，为了体现两者之间节能减排的差距，本节将从全生命周期角度对两种车型的碳排放进行比较。增程式电动汽车与纯电动汽车各阶段的碳排放及单位里程碳排放如图2-4-17和图2-4-18所示。

如图2-4-17所示，在原材料获取阶段和制造装配阶段，纯电动汽车产生的碳排放是大于增程式电动汽车的，主要是因为纯电动汽车搭载更大容量的动力电池，在生产过程中消耗了更多的能源和昂贵的材料。而在运行使用阶段，由于增程式电动汽车消耗了部分燃油，碳排放量大于纯电动汽车。报废回收阶段考虑了动力电池的二次利用，仅从碳排放角度来看，纯电动汽车产生了更大的环境正效益。

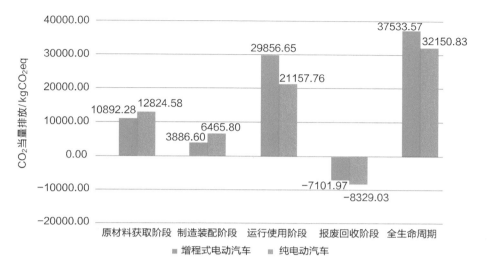

◎ 图2-4-17 增程式电动汽车与纯电动汽车碳排放比较

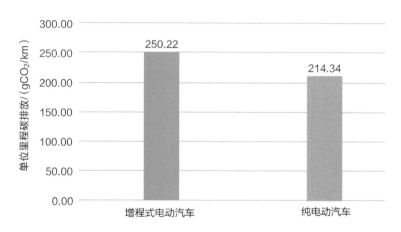

◎ 图2-4-18 增程式电动汽车与纯电动汽车单位里程碳排放对比

为了在全生命周期内对增程式电动汽车与纯电动汽车的碳排放差别进行量化，将两者的全生命周期碳排放均分到全生命周期内（行驶 15 万 km），得出图2-4-18所示结果。增程式电动汽车的单位千米碳排放为 250.22g $CO_2$eq，纯电动汽车的单位千米碳排放为 214.34g $CO_2$eq，相比增程式电动汽车，纯电动汽车减少了 14.34% 的碳排放。

# 三、综合能效评估

本报告通过分析新能源汽车推广应用的背景、影响因素及模式，明确了产业推广相关参与者及其参与方式，通过建立系统动力学模型对我国现行的调控手段及产业成长阶段对市场的调节进行描述，完成了对新能源汽车保有量的预测，从而获得增程式电动汽车保有量预测结果。

对于增程式电动汽车的能效评估将从能耗和减排两方面进行考察。增程式电动汽车能耗评估包括行驶过程中的耗电量和耗油量的考察，最终以综合平均百公里油耗体现增程式电动汽车能耗；减排评估通过对增程式电动汽车全生命周期碳排放的计算获得，以全生命周期综合系数为减排评估的体现。

## （一） 增程式电动汽车年保有量预测模型

### 1. 系统动力学建模

1958 年，美国麻省理工学院教授 J. W. Forrester 首次提出系统动力学（System Dynamics）概念，系统动力学最初的名称是工业动态学（Industrial Dynamics），其初衷是分析生产及库存等企业管理问题。系统动力学是一门分析和研究信息反馈系统的交叉学科，在系统论的基础上，吸收控制论及信息论的概念，结合自然科学与社会科学探索如何认识和解决系统问题。采用系统动力学分析问题时，基于系统行为与内在机制之间的依赖关系，通过数学模型的建立与系统的模拟操作，逐步对系统中不断发生变化的变量因果关系做出结构分析。

系统一般由单元、运动和信息三种成分构成。单元是系统产生的基础，单元的运动实现了系统的行为及功能，而信息的反馈作用是运动的驱动力。三者共同作用决定了系统作为结构与功能统一体的存在。其中，系统单元可以包含人或组织及其行为。

### 2. 增程式电动汽车推广的影响因素

被纳入新能源补贴政策的新能源汽车类型主要有纯电动汽车、混合动力汽车和燃料电池汽车。增程式电动汽车属于混合动力汽车，影响其保有量的因素错综复杂，所以，在建立新能源汽车年度保有量预测模型的过程中，输入变量的选择应当全面考虑影响保有量变化的因素。

因此，综合分析宏观环境、内部微观环境，从产业政策、经济因素、使用因素、科技驱动、其他因素五个方面出发，运用系统动力学理论和方法，通过对新能源汽车渗透驱动因素的动态研究，构建出多因素的系统动力学方法新能源汽车推广预测模型。

上述五个主要影响因素及其之间的关系如图 2-4-19 所示。

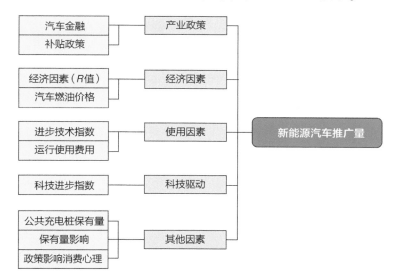

⬤ 图 2-4-19　新能源汽车推广影响因素及其之间的关系

（1）产业政策

产业政策与新能源汽车市场表现密切相关。近年来，我国政府不断推出并完善新能源汽车产业政策，这使新能源汽车产业链从研发到销售各个环节均得到了高速发展。自 2012 年以来，政府开始加大新能源汽车的推广力度，连续在产业政策、补贴政策方面给予支持，新能源汽车增长率达到历史最高水平，由此可见，一系列扶持优惠政策的颁布对新能源汽车保有量影响显著。在这种情况下，实现对该产业发展的精准预测，无论对于国家的大政方针还是对企业的发展而言，都具有重大的现实意义。

在新能源汽车发展的初级阶段，政府出台的推广和扶持政策在一定程度上直接刺激了消费者的购买意愿，因此本报告将其作为主要影响因素进行量化建模。

（2）经济因素

经济水平反映一个国家的硬实力，而大量资金流动方向则代表了当前社会主要发展方向，而价格水平则间接决定了消费者的购买力，所以本节从经济水平、价格水平和资金流动方向三个方面提取新能源汽车保有量影响因素相关经济指标。

居民消费水平，是根据国内生产总值（GDP）中包含劳务消费在内的总消费来计算的，居民消费水平代表报告期年居民平均消费总额，从侧面反映居民在报告期内消费意愿的强烈程度。汽车销售价格也是直接影响新能源汽车销量的一大重要因素，绝大多数居民在购买新能源汽车时会优先考虑价格。汽车燃料价格水平也是汽车运行成本的重要组成部分之一，直接影响汽车销售状况。

综上所述，本报告将以居民消费水平、燃料消费价格指数作为综合评价经济因素对新能源汽车推广的影响指标。

（3）使用因素

当前新能源汽车推广主要面临里程焦虑和安全焦虑两方面技术障碍，而这两方面障碍都与动力电池技术紧密相关，同时动力电池是新能源汽车必要的组成部分，其产量与新能源汽车市场发展状况息息相关，故本节选择动力电池产量作为影响因素指标之一，并且选用新能源汽车事故率表征新能源汽车的安全指数。新能源汽车动力电池技术的进步以及运行使用费用的降低都将成为提升新能源汽车销量的因素。

（4）科技驱动

技术创新可能对消费者购买偏好有引导作用，从而提高该产品的市场需求。我国新能源汽车的生产与推广历史均较短，技术水平仍有待提升，科技水平在很大程度上决定了消费者购买新能源汽车的意愿。另外，新能源汽车市场需求具有高度不确定性特点，且其特有的驱动模式导致新能源汽车不能直接使用现有传统燃油汽车的整车制造工艺和技术。技术供应方若能明确消费者诉求方向，创新研发技术，消费者必将反馈给供应方正向销量信号。本节以技术进步指数来表征自动驾驶和车联网技术对新能源汽车渗透的驱动程度。其中，全要素生产率（Total Factor Productivity，TFP）是我国技术进步指数的一个重要体现。综上所述，本节以全要素生产率来表征自动驾驶和车联网技术对新能源汽车渗透的驱动程度。

（5）其他因素

其他因素主要包括消费者心理因素。基于消费者行为分析理论，不难发现几乎所有经典消费理论都无法忽视消费者心理因素对购买意向的影响，而消费者购买意向直接决定销量，继而影响保有量。因为消费者购买意愿等指标较难量化，所以本节选择人口素质结构相关指标代替消费者心理因素展开理论分析。

### 3. 系统动力学建模

将各驱动因素现有水平定义为1，将其对新能源汽车渗透的促进和阻滞作用分别定义为正（+）、负（-）相关。将这些正负相关的程度进行量化，建立了系统动力学全国新能源汽车保有量预测模型。

（1）建模边界确立

根据近几年新能源汽车销售情况，以及新能源汽车销量占汽车市场的比例来看，短期内新能源汽车销量很难突破全国汽车年度总销量，如图2-4-20和图2-4-21所示。

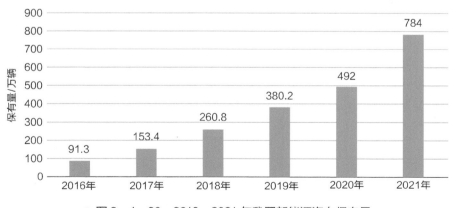

⬥图2-4-20　2016—2021年我国新能源汽车保有量

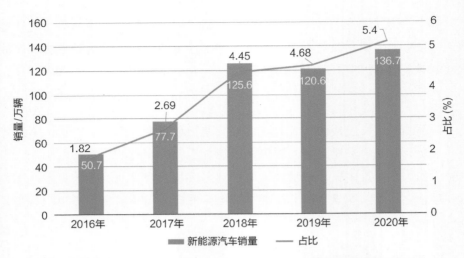

○ 图 2 - 4 - 21　2016—2020 年我国新能源汽车销量及汽车市场占比

　　R 值，指某一地区的平均车价与这一地区人均 GDP 的比值。R 值规律描述的是一个国家/地区，在正常的政策条件下，随着人们经济和信贷能力提高而加大汽车购买需求的发展规律。按照汽车市场发展规律，当 R 值居于 2～4 时，轿车大规模进入家庭；而当 R 值小于 2 且保持继续减小时，说明轿车已进入家庭并趋于饱和，汽车销售规模会萎缩。

　　综上所述，研究新能源汽车渗透趋势，暂不需要考虑汽车市场总容量的问题，仅需要考虑影响和促进新能源汽车发展的驱动因素即可。

　　(2) 影响因素量化分析

　　1) 车辆初始值确定。据公安部交通管理局统计数据和《2021 中国统计年鉴》，2016 年新能源汽车保有量以及 2016 年人均 GDP 初始值分别为 91000 辆、53680 元（表 2 - 4 - 35）。据目前新能源汽车市场估计，2016 年全国新能源汽车售价均值为 25 万元，其中传统结构部分 10 万元、三电结构部分 15 万元。

表 2 - 4 - 35　系统模型初始值变量值

| 变量名称 | 初始值 | 单　位 |
| --- | --- | --- |
| 新能源汽车保有量 | 91000 | 辆 |
| 三电部分价格 | 15 | 万元 |
| 传统结构部分价格 | 10 | 万元 |
| 人均 GDP | 53680 | 元 |

2）系统常数值确定。系统常数包含以下9个。

①人均 GDP 增长率的确定。在保有量预测模型中，可以根据对 2016—2021 年人均 GDP 数据做时间序列线性回归分析，获得 2021—2030 年人均 GDP 预测数据，并对区间内的数据取对数获得人均 GDP 对数变化趋势，如图 2-4-22 所示。

由于 2020 年受到新冠肺炎疫情影响，故将 2020 年人均 GDP 按照 2019 年人均 GDP 增长率 5.7% 进行修订，能够保证在正常情况下的人均 GDP 值。

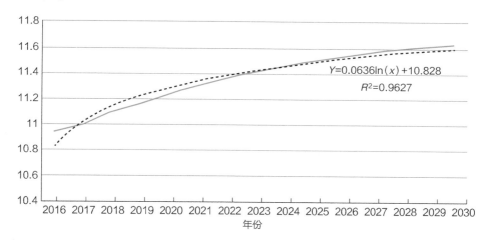

○ 图 2-4-22　人均国民生产总值（对数）

将 2016—2030 年数据取对数后为基础离合线，获得：

$$y = 0.0636\ln(x) + 10.828$$

$$R^2 = 0.9627$$

式中，$y$ 是人均 GDP 对数；$x$ 是年份。

求得人均 GDP 对数年增长率为 0.0636，可用系统动力学软件 Vensim 函数求得人均 GDP 增长率：

$$EXP(0.0636) - 1 = 6.6\%$$

②购置税率的确定。根据国家税务总局的相关公告，当前国家车辆购置税率为 10%，新能源汽车购置税免征将延续到 2022 年年底。由此，模型中新能源汽车购置税率 2023 年前为 0，2023 年 1 月起为 10%。

③报废率的确定。全国各地区由于天气状况、地理环境、交通设施等因

素，新能源汽车使用寿命以及报废的概率不同。选择以北京和上海为主要参考城市设定新能源汽车的报废率以及相关因素指标。

根据汽车报废标准及相关细则，9 座及以下非营运客车的使用年限最多为15 年。新能源汽车仅近几年快速发展，基本未达到 15 年的报废年限，故不考虑年限下的报废车辆，仅以意外报废率为参考。参考上海市2016—2019 年新能源汽车报废率 3% 的数据。

④汽车燃油价格影响因子。石油价格的波动，使得新能源汽车和燃油汽车的使用成本存在较为明显的差距。由于燃油汽车和新能源汽车的相互替代关系，汽车燃油的价格会直接影响燃油汽车的使用成本，从而影响新能源汽车的销量。本节汽车燃油价格影响因子取 0.71。

⑤汽车金融影响因子。根据中国人民银行、中国银行业监督管理委员会2017 年发布的《汽车贷款管理办法》修订案可知，自用新能源汽车贷款的最高发行率为85%，商用新能源汽车贷款的最高发行率为80%，新能源汽车比传统能源汽车金融政策驱动力度领先，故求得汽车金融影响因子：

$$\beta_1 = (85\% - 80\%)/80\% = 6.25\%$$

⑥新能源补贴政策驱动因子。自 2012 年以来，补贴政策门槛在逐步提高，然而各梯度下补贴金额却在不断下降。2022 年国家补贴新能源乘用车补贴方案见表 2 – 4 – 36。

表 2 – 4 – 36　2022 年新能源乘用车补贴方案

| 车辆类型 | 纯电动续驶里程 $R$（工况法/km） | | |
|---|---|---|---|
| 纯电动乘用车 | $300 \leqslant R < 400$ | $R \geqslant 400$ | $R \geqslant 50$（NECD 工况）/$R \geqslant 43$（WLTC 工况） |
|  | 0.91 万元 | 1.26 万元 |  |
| 插电式混合动力（含增程式）乘用车 | — | | 0.48 万元 |

取 2016 年度续驶里程 400km 及以上车型最高可获补贴额度 85000 元（国补 + 地补）为基点，将 2017—2022 年综合补贴金额（国补 + 地补，由于各地补贴金额不同，综合考虑后得到平均地补，以 2022 年为例，地补为 6304 元）与 2016 年该类车型最高可获补贴额度对比，得到 2017—2022 年新能源汽车补贴对新能源汽车的推广力度系数，依次为 72.94%、60%、44.12%、39.71%、31.77% 和 22.24%。

⑦科技驱动影响因子。以科技进步指数来表征自动驾驶和车联网技术对新能源汽车渗透的驱动程度，其中全要素生产率为主要影响因素。据统计，2008—2017年平均TFP增速为2.42%，2017年的TFP约为2.6%，以2017年科技进步指数为初始值带入模型。

⑧运行使用费用因子。新能源汽车运行使用费用约为传统能源汽车的1/3，设定该运行使用费用驱动因子为0.33，表示领先30%。

⑨公共充电桩保有量影响因子。充电站、充电桩等电动汽车配套设施在数量上存在不足。截至2021年年底，我国桩车比例为1:3，充电不便造成的里程焦虑成为新能源汽车的"命门"之一。

综上所述，公共充电桩的保有量是阻碍新能源汽车发展的一个较大因素，经综合考虑，确定其影响因子为0.8。

⑩系统动力学方程如下：

$$\alpha = \sum (X_i \beta_j) \qquad (4-18)$$

式中，$\alpha$为年增长率；$X_i$为各影响因子；$\beta_j$为各影响因子的权重值。各影响因子及各影响因子权重值见表2-4-37。

表2-4-37　各影响因子及其权重值[一]

| 类别 | 推广影响因素 | 权重值 | 变量因子 |
|---|---|---|---|
| 产业政策 | 汽车金融 | 2.0% | 0.060 |
| 经济因素 | 经济因素（R值） | 13.5% | $2.142 \times 0.5$ |
| | 汽车燃油价格影响 | | $0.71 \times 0.42$ |
| 使用因素 | 使用进步技术指数 | 2.0% | $0.32 \times 0.46$ |
| | 运行使用费用 | | $0.33 \times 0.52$ |
| 科技驱动 | 科技进步指数 | 4.0% | 0.026 |
| 其他因素 | 公共充电桩保有量 | 78.5% | $0.8 \times 0.18$ |
| | 政策影响消费心理 | | $0.525 \times 0.72$ |
| | 保有量影响 | | $0.38 \times 0.1$ |

其中，运用系统动力学的新能源汽车保有量预测模型如图2-4-23所示。

---

[一]　数值来源见参考文献［40］。

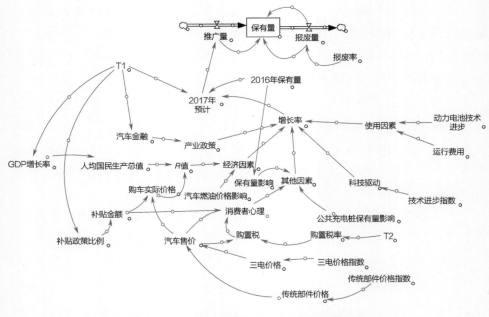

●图2-4-23 新能源汽车保有量预测模型

### 4. 保有量预测模型检验

新能源汽车保有量预测模型以 2016 年新能源汽车保有量为初始数据，通过系统动力学软件（Vensim）进行建模仿真分析，构建出 2022—2025 年的年度新能源汽车保有量预测模型。使用预测模型对 2016—2021 年新能源汽车保有量预测的结果见表 2-4-38。

表 2-4-38　使用预测模型对 2016—2021 年新能源汽车保有量预测的结果

| 年份 | 预测保有量/万辆 | 实际保有量/万辆 | 误差（%） |
| --- | --- | --- | --- |
| 2016 年 | 91.30 | 91.30 | 0 |
| 2017 年 | 157.59 | 153.40 | 2.73 |
| 2018 年 | 247.08 | 260.80 | 5.26 |
| 2019 年 | 380.90 | 380.20 | 0.18 |
| 2020 年 | 562.96 | 492.00 | 14.42 |
| 2021 年 | 793.84 | 784.00 | 1.26 |

由表 2-4-38 可知，最大误差出现在 2020 年，误差为 12.6%，此处的误差偏大是由于 2020 年新冠肺炎疫情影响，为减小疫情因素对模型的影响，

对 2020 年人均 GDP 以 2019 年人均 GDP 增长率为基础进行修正，导致对 2020 年的汽车保有量估计误差较大，故 2020 年新能源汽车保有量预测误差可以忽略不计。因此，根据 2016—2021 年的新能源汽车保有量数据进行建模，最大误差能控制在 5.551% 以内。

根据此模型对 2022—2025 年新能源汽车保有量进行预测，结果见表 2-4-39。

表 2-4-39    2022—2025 年新能源汽车保有量预测

| 年份 | 保有量/万辆 |
|---|---|
| 2022 年 | 1073.12 |
| 2023 年 | 1399.91 |
| 2024 年 | 1773.16 |
| 2025 年 | 2191.71 |

### 5. 增程式电动汽车保有量预测

将我国增程式电动汽车品牌目前的总保有量作为初始数据，进而通过新能源汽车的保有量预测值估计未来几年增程式电动汽车的保有量。目前国内外畅销的增程式电动汽车车型主要有理想 ONE、岚图 FREE、东风风光 E3 等，具体保有量数据见表 2-4-40。

表 2-4-40    增程式电动汽车保有量

(单位：辆)

| 品牌名称 | 2020 年 | 2021 年 | 2022 年（1—2 月） | 总销量 |
|---|---|---|---|---|
| 理想 ONE | 32624 | 90491 | 20682 | 143797 |
| 岚图 FREE | — | 6791（含纯电动） | 1553 | 8344 |
| 赛力斯 SF5 | — | 2535 | 2 | 2537 |
| 东风风光 E3 | 2271 | 3291 | 141 | 5703 |
| 问界 M5 | — | 352 | 1876 | 2228 |
| 总和 | 34895 | 103460 | 24254 | 162609 |

由表 2-4-40 可知，增程式电动汽车保有量逐年上升，截至 2022 年 2 月，其保有量占整个新能源汽车保有量的近 2%。考虑政策、市场、经济等因

素对增程式电动汽车销量和保有量的影响，增程式电动汽车保有量占比将较上一年多增长1%，2022—2025年增程式电动汽车的不同初始增长率分别为2%、2.5%、3%，则增程式电动汽车预测保有量见表2-4-41和图2-4-24。

表2-4-41  增程式电动汽车2022—2025年预测保有量

| 年份 | 保有量/万辆（2%） | 保有量/万辆（2.5%） | 保有量/万辆（3%） |
|---|---|---|---|
| 2022年 | 21.4624 | 26.828 | 32.194 |
| 2023年 | 41.9973 | 48.997 | 55.996 |
| 2024年 | 70.9264 | 79.792 | 88.658 |
| 2025年 | 109.5855 | 120.544 | 131.503 |

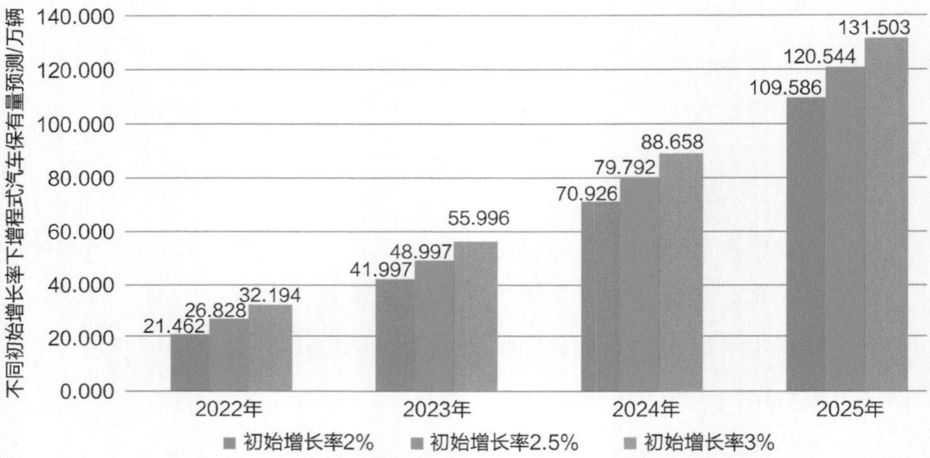

△ 图2-4-24  不同初始增长率下增程式电动汽车保有量预测

注：以上基于系统动力学模型计算数据而得。但也有专家学者预测新冠肺炎疫情将于2023年结束，再加之目前国家频频出台新能源汽车利好政策，汽车行业产销量具备强势复苏势头，因此，乐观估计，2025年增程式电动汽车保有量有望突破150万辆。

## （二）增程式电动汽车总能耗评估

整车车队是在当前整体保有量下新增加车辆、正在使用的车辆和报废车辆根据各自的占比组成的。为更加准确地评估增程式电动汽车在当前总保有量下的能耗，以子报告四中第一部分的百公里综合平均油耗作为评价指标，最终完成增程式电动汽车整体车队的能耗评估。

增程式电动汽车在行驶过程中的行驶模式分为纯电动模式（CD）、电量保持模式（CS），这是根据动力电池 SOC 来划分的。由于不同车型的增程以及纯电动行驶里程有所不同，为体现总保有量下增程式电动汽车能耗，基于增程式电动汽车用户实时上传的行车数据，通过随机抽取 128386 辆增程式电动汽车，并按照纯电驱动和燃油驱动两种方式统计了它们一年内的出行大数据，具体情况可见子报告四第一节。

增程式电动汽车车队能耗评估公式如下：

$$E_{能} = N_{保} \times E_{综合} \qquad (4-19)$$

式中，$E_{能}$ 是增程式电动汽车整车车队总能耗，单位为 L/100km；$N_{保}$ 是当年新能源汽车保有量，单位为万辆；$E_{综合}$ 是增程式电动汽车百公里综合油耗，单位为 L/100km。

根据前述计算结果，$E_{综合} = 4.02$L/100km，以 2022 年增程式电动汽车初始增长率为 2.5% 的保有量预测数据 26.828 万辆为例，计算结果如下：

$$
\begin{aligned}
E_{能} &= N_{保} \times E_{综合} \\
&= 26.828 \times 10^4 \times 4.02 \\
&= 1.0785 \times 10^6 \text{L/100km}
\end{aligned}
$$

由上述结果可知，基于增程式电动汽车用户实时上传的行车数据，统计了两种行驶模式下一年内的出行大数据，以综合平均百公里油耗为计算依据，增程式电动汽车在总保有量下综合平均每百公里油耗为 $1.0785 \times 10^6$ L。

### （三）增程式电动汽车总减排评估

为更加准确地评估增程式电动汽车在当前保有量下的减排情况，根据前文所提出的全生命周期综合系数评估法，采用在整车车队下的碳排放量为增程式电动汽车保有量下的减排评估基础。

年度增程式电动汽车减排评估包含新车、正在使用的汽车、报废回收的汽车一年中的碳排放量，以这三类车组成车队的碳排放量计算公式如下：

$$C_{总} = N_{保}(C_1\delta + C_2\mu + C_3\omega) \qquad (4-20)$$

式中，$C_{总}$ 是车队总体碳排放量，单位为 kg $CO_2$eq/km；$N_{保}$ 是年度增程式电动汽车保有量，单位为万辆；$C_1$、$C_2$、$C_3$分别为生产过程（包括原材料获取和制造装配）、使用过程、回收过程碳排放量，单位为 kg $CO_2$eq/km；$\delta$、$\mu$、$\omega$分别为新车数量、正在使用汽车数量、报废汽车数量占比系数。

根据《2021 中国汽车市场年鉴》所提供的数据，新能源汽车报废的标准是动力电池容量低于 80%。2020 年全国新能源汽车回收量为 1.5 万辆，占2020 年新能源汽车保有量的 0.3%，其中新能源汽车报废车辆使用年限在 6 年以上的接近 30%，使用年限峰值在 4~5 年的占 60.1%，使用年限 3 年以下的占 10.6%，如图 2-4-25 所示。

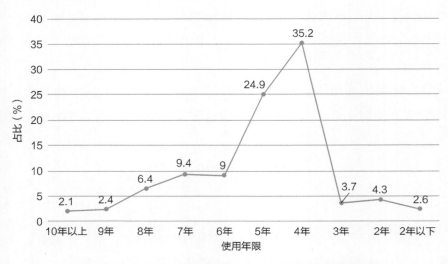

◎图 2-4-25　2020 年新能源汽车报废汽车使用年限情况

报废新能源汽车的数量与行驶里程、环境条件、车辆保养情况、意外情况等诸多因素有关，其中行驶里程是主要影响因素。在通常情况下，车辆报废率与其行驶里程的关系是相对固定的，首先以 2020 年新能源汽车报废车辆报废率与行驶里程的关系，获得行驶相应里程数车辆的报废率，从而预测增程式电动汽车未来的报废车辆数量。根据销量数据可知，大多数用户选购增程式电动汽车后主要用于日常通勤，行驶里程为 1.2 万~1.5 万 km/年，取平均值 1.35 万 km/年，故将年限报废车辆信息转换为里程信息进行计算，见表 2-4-42。

表 2 - 4 - 42  行驶相应里程数车辆的报废率

| 2020 年新能源汽车报废数量/万辆 | 行驶里程/万 km | 报废车辆占比[1] | 不同行驶里程新能源汽车报废数量/万辆 | 不同行驶里程新能源汽车报废车辆占比[2] |
|---|---|---|---|---|
| 1.5 | 0 ~ 1.35 | 0 | 0 | 0 |
| | 1.35 ~ 4.05 | 10.60% | 0.15 | 0.052% |
| | 4.05 ~ 6.75 | 60.10% | 0.915 | 1.35% |
| | >6.75 | 29.3% | 0.44 | 1.96% |
| 总和 | 15 | 100% | 1.505 | — |

①报废车辆占比为该行驶区段下报废车辆占该年新能源汽车报废数量的比例。
②不同行驶里程新能源汽车报废车辆占比为该年各行驶里程新能源汽车在各行驶区段数量的比例。各行驶区段汽车数量以年限为质量划分，再转化为行驶区段数值。

根据表 2 - 4 - 42 中所得不同行驶里程新能源汽车报废车辆占比，并结合每年预测车辆的保有量，就可以算出每年新能源汽车报废率。根据历史年均保有量数据，以 2021 年新能源汽车保有量为例，计算出 2021 年新能源汽车报废率，见表 2 - 4 - 43。

表 2 - 4 - 43  2021 年新能源汽车报废率

| 2021 年保有量/万辆 | 行驶里程/万 km | 报废车辆占比 | 不同里程车辆总数量/万辆 | 报废车辆数量/万辆 | 2021 年报废率 |
|---|---|---|---|---|---|
| 784 | 0 ~ 1.35 | 0 | 292 | 0 | — |
| | 1.35 ~ 4.05 | 0.052% | 339 | 0.176 | |
| | 4.05 ~ 6.75 | 1.35% | 111 | 1.5 | 0.320% |
| | >6.75 | 1.96% | 42 | 0.823 | |
| 总和 | 15 | — | 784 | 2.499 | |

通过以上方法，可以求得每年新能源汽车报废率，结合新能源汽车的年报废率和各里程新能源汽车数量即可获得 $\delta$、$\mu$、$\omega$ 系数。因为目前增程式电动汽车数量占新能源汽车比例较小，所以其报废率沿用新能源汽车年报废率。各年增程式电动汽车报废汽车数量占比系数 $\omega$ 见表 2 - 4 - 44。

表 2 - 4 - 44  各年增程式电动汽车报废汽车数量占比系数 $\omega$

| 系数 $\omega$ | 2022 年 | 2023 年 | 2024 年 | 2025 年 |
|---|---|---|---|---|
| 数值 | 0.405% | 0.522% | 0.491% | 0.613% |

根据每年增程式电动汽车新车的增长数量以及报废数量，结合增程式电动汽车每年保有量的预测数据获得 $\delta$、$\mu$、$\omega$ 系数，以 2022 年预测数据为例，见表 2 - 4 - 45。

表 2 - 4 - 45  2022 年增程式电动汽车各初始增长率下 $\delta$、$\mu$、$\omega$ 系数

| 2022 年系数 | 初始增长率 | | |
|---|---|---|---|
| | 2% | 2.5% | 3% |
| $\delta$ | 64.46% | 51.57% | 42.98% |
| $\mu$ | 35.135% | 48.025% | 56.615% |
| $\omega$ | 0.405% | 0.405% | 0.405% |

由表 2 - 4 - 44 可知，随着新能源汽车保有量的逐年增加，处于报废阶段的车辆也在增加，故报废率呈现上升的趋势。2024 年报废率较低的原因是，2020 年由于新冠肺炎疫情的原因，新能源汽车年销售情况不好，而新能源汽车报废的峰值在 4.8 万 ~7.5 万 km，也就是 4~5 年年限的新能源汽车。

增程式电动汽车车队在总保有量下 $\delta$、$\mu$、$\omega$ 系数可查表 2 - 4 - 45 获得。由子报告四中的第二部分，即减排效果评估部分中的数据可知，增程式电动汽车不同过程中的碳排放量 $C_1$、$C_2$、$C_3$ 分别为 0.09853kgCO$_2$eq/km、0.199044kgCO$_2$eq/km 和 -0.04734kg CO$_2$eq/km，结合增程式电动汽车车队数据和 2022 年初始增长率为 2.5% 的保有量预测数据 26.828 万辆，可以得到增程式电动汽车整体车队的年碳排放量，见表 2 - 4 - 46。

表 2 - 4 - 46  2022 年增程式电动汽车整体车队不同过程中的碳排放量

| 分类 | 碳排放量/( kg CO$_2$eq/km) |
|---|---|
| 生产过程 | $1.3632 \times 10^4$ |
| 使用过程 | $2.5645 \times 10^4$ |
| 回收过程 | $-0.005143 \times 10^4$ |
| 保有量下整体车队 | $3.9226 \times 10^4$ |

因此，在增程式电动汽车的预测保有量下，根据车队生命周期碳排放的核算方法，增程式电动汽车车队由当前新车、正在使用汽车以及报废汽车三类组成，分别对每类汽车从生产过程、使用过程以及回收过程进行碳排放量核算，最终获得在2022年增程式电动汽车预测保有量下的整体车队碳排放量为 $3.9226 \times 10^4 \mathrm{kg\ CO_2 eq/km}$。

## （四）综合分析结果对比

### 1. 增程式电动汽车与传统燃油汽车能效对比

根据子报告四第二部分中同级别的传统燃油汽车的平均百公里燃油消耗量为12.6L，为更加直观地体现增程式电动汽车和传统燃油汽车能耗的对比，根据子报告四第一部分中增程式电动汽车综合平均百公里油耗为4.02 L，结合增程式电动汽车车队数据和2022年初始增长率为2.5%的保有量预测数据26.828万辆，在当前保有量下增程式电动汽车比传统燃油汽车百公里能耗低，计算结果如下：

$$E_{能} = (12.6 - 4.02)\mathrm{L/100km} \times N_{保}$$
$$= 2.3018 \times 10^6 \mathrm{L/100km}$$

由上式可得，在相同保有量下，增程式电动汽车综合平均百公里油耗比同量级的传统燃油汽车低 $2.3018 \times 10^6$ L。由此可见，增程式电动汽车在能耗方面相对于传统燃油汽车的优势较为明显，在燃油消耗量方面也相对低很多，从而降低了对环境的污染，有效地缓解了不可再生能源的过度消耗问题。

由子报告四中第二部分可获得传统同级别燃油汽车不同过程中的碳排放量 $C_1$、$C_2$、$C_3$ 分别为 $0.06552 \mathrm{kgCO_2 eq/km}$、$0.3182 \mathrm{kgCO_2 eq/km}$ 和 $-0.02279 \mathrm{kg\ CO_2 eq/km}$，计算传统燃油汽车平均单位行驶里程的碳排放量。为了方便比较，传统燃油汽车在与2022年增程式电动汽车具有相同保有量下（初始增长率为2.5%）的整体车队碳排放量如下：

$$C_{总} = N_{保}(C_1\delta + C_2\mu + C_3\omega)$$
$$= 26.828 \times 10^4 (0.06552 \times 0.5157 + 0.3182 \times 0.48025 - 0.02279 \times 0.00405)$$
$$= 5.00374 \times 10^4 \mathrm{kgCO_2 eq/km}$$

据前文可知，增程式电动汽车在当前保有量下的碳排放量为 $3.9226 \times 10^4 \mathrm{kgCO_2 eq/km}$，而在相同保有量下，传统燃油汽车碳排放量为 $5.00374 \times$

$10^4\text{kgCO}_2\text{eq/km}$，由此可见，在具有相同保有量的前提下，增程式电动汽车相较于传统燃油汽车减排效果更好，其计算结果如下：

$$C_{减排} = 5.00374 \times 10^4\text{kgCO}_2\text{eq/km} - 3.9226 \times 10^4\text{kgCO}_2\text{eq/km}$$
$$= 1.08114 \times 10^4\text{kgCO}_2\text{eq/km}$$

综上所述，从节能的角度出发，增程式电动汽车相较于传统燃油汽车在具有相同保有量的情况下，平均百公里综合油耗减少 $1.604 \times 10^6\text{L}$，大大降低了出行成本，也减少了环境污染问题；同时，相较于传统燃油汽车，发动机不直接驱动车轮，因此一直能处于良好的工作状态，磨损较小。从减排角度出发，增程式电动汽车相较于传统燃油汽车而言，在整个生命周期内，碳排放量减少 $1.08114 \times 10^4\text{kgCO}_2\text{eq/km}$，更符合环境友好型的发展理念，能够更好地解决温室效应等一系列环境污染问题。

2022 年不同初始增长率下增程式电动汽车与传统燃油汽车百公里能耗对比见表 2 - 4 - 47。

表 2 - 4 - 47　2022 年不同初始增长率下增程式电动汽车与传统燃油汽车百公里能耗对比

| 初始增长率 | 2% | 2.5% | 3% |
|---|---|---|---|
| 增程式电动汽车能耗/（L/100km） | $0.8628 \times 10^6$ | $1.0785 \times 10^6$ | $1.2942 \times 10^6$ |
| 传统燃油汽车能耗/（L/100km） | $2.7043 \times 10^6$ | $3.3803 \times 10^6$ | $4.0564 \times 10^6$ |

### 2. 增程式电动汽车与纯电动汽车能效对比

鉴于纯电动汽车在使用过程中不消耗任何燃油，故增程式电动汽车与同级别纯电动汽车能效对比仅从全生命周期碳排放量的角度进行。其中，由于部分用户购买增程式电动汽车是为解决纯电动汽车存在的里程焦虑问题，在使用过程中很少使用发动机对动力电池进行充电，此类用户使用的增程式电动汽车能效与纯电动汽车十分接近，可视为纯电动汽车；其余用户均视为使用过程中有发动机参与工作，以延长续驶里程。

由子报告四第二节可获得传统同级别纯电动汽车不同过程中的碳排放量 $C_1$、$C_2$、$C_3$ 分别为 $0.1286\text{kgCO}_2\text{eq/km}$、$0.1411\text{kgCO}_2\text{eq/km}$ 和 $-0.05552\text{kgCO}_2\text{eq/km}$，以此计算纯电动汽车平均单位行驶里程的碳排放量。为了方便比较，纯电动汽车在与 2022 年增程式电动汽车具有相同保有量下的整体车队碳排量如下：

$$C_{总} = N_{保}(C_1\delta + C_2\mu + C_3\omega)$$
$$= 26.828 \times 10^4 (0.1286 \times 0.5157 + 0.1411 \times 0.48025 - 0.05552 \times 0.00405)$$
$$= 3.5911 \times 10^4 \mathrm{kgCO_2 eq/km}$$

2022 年不同初始增长率下各类型汽车碳排放量见表 2 - 4 - 48。

**表 2 - 4 - 48　2022 年不同初始增长率下各类型汽车碳排放量对比**

（单位：$\mathrm{kgCO_2 eq/km}$）

| 初始增长率 | 2% | 2.5% | 3% |
|---|---|---|---|
| 增程式电动汽车 | $2.8599 \times 10^4$ | $3.9226 \times 10^4$ | $4.9851 \times 10^4$ |
| 传统燃油汽车 | $3.3039 \times 10^4$ | $5.0037 \times 10^4$ | $6.7033 \times 10^4$ |
| 纯电动汽车 | $2.8383 \times 10^4$ | $3.5911 \times 10^4$ | $4.3440 \times 10^4$ |

综上所述，在具有相同保有量以及相同车型占比的情况下，增程式电动汽车在不同初始增长率下均比传统燃油汽车碳排放量少，在初始增长率为 3% 的情况下，增程式电动汽车比传统燃油汽车减少当量 $CO_2$ 排放 $1.7182 \times 10^4 \mathrm{kg/km}$。增程式电动汽车在不同初始增长率情况下，碳排放量接近纯电动汽车，在初始增长率为 3% 的情况下，比纯电动汽车多排放 $0.6411 \times 10^4 \mathrm{kg/km}$ 的当量 $CO_2$。

造成增程式电动汽车与纯电动汽车碳排放量相近的主要原因有如下两点：首先，增程式电动汽车当前新车增加量较多，在整车生命周期中，使用阶段碳排放量较少，纯电动汽车在此阶段碳排放量多，造成了总保有量下增程式电动汽车的碳排放量接近纯电动汽车的碳排放量。其次，增程式电动汽车的动力电池容量相对于纯电动汽车小，在生产阶段所产生的碳排放量更少，因此出现了在相同车型保有量的情况下，增程式电动汽车碳排放量略高于纯电动汽车的现象。

在目前纯电动汽车动力电池技术尚有瓶颈的情况下，增程式电动汽车不仅能够解决因动力电池技术瓶颈造成的里程焦虑问题，还能在碳排放量上远低于传统燃油汽车、略高于纯电动汽车。综上，增程式电动汽车相较于传统燃油汽车节能减排效果显著，具有良好的燃油经济性，可降低用户出行成本；其减排效果接近纯电动汽车，缓解了社会环境污染的压力；同时增加了续驶里程，也有效缓解了目前纯电动汽车用户的里程焦虑问题。

## 子报告五

# 关于我国发展增程式电动汽车的建议

## 一、我国发展增程式电动汽车的作用和意义

### （一）促进新能源汽车发展，助力双碳目标实现

#### 1. 提高新能源汽车市场渗透率

近年来，伴随国内汽车市场的发展，混合动力电动汽车产销量持续增长，2016—2021 年，国内插电式混合动力电动汽车销量从 9.8 万辆增长至 60.3 万辆，市场规模扩大至 6 倍多。未来 5～15 年，国内外插电式混合动力电动汽车市场均将进入快速增长期。同时，国内混合动力电动汽车产品不断丰富，部分车型性能赶超合资品牌水平，且提供多种规格容量动力电池可选，综合产品力提升，消费者接受度逐渐提高，混合动力电动汽车市场渗透率不断提升。

伴随新能源汽车，尤其是插电式混合动力电动汽车的发展，在利好政策和新技术推动下，我国增程式电动汽车市场也呈现出良好的发展态势，新产品不断推出，市场销量快速增长，2021 年我国增程式电动汽车市场销量 10.48 万辆，同比增长超过 2 倍，新能源汽车市场渗透率为 3.35%。

当前，增程式电动汽车技术路线相较于混合动力电动汽车，动力架构更加简单成熟，可以有效缓解消费者对油价攀升、续驶里程偏短的焦虑，在一定程度上能更好地满足消费者购车需求。我国新能源汽车发展由政策驱动逐步转入市场驱动为主，新能源汽车技术线路呈现出多头并进、百花齐放的特征，增程式电动汽车伴随产品增多、市场需求提升，成为推动我国新能源汽车发展的重要力量，带动新能源汽车市场渗透率不断提高。

#### 2. 促进交通领域清洁低碳化发展

在我国碳排放"贡献"比例中，2020 年的测算数据显示，交通领域约占

11.5%，其中汽车行业约占交通领域的 78%，即汽车行业的碳排放量约占全国总体碳排放量的 9%，因此汽车产业实施双碳战略意义重大。2020 年 10 月，《节能与新能源汽车技术路线图 2.0》提出，我国汽车产业碳排放量将于 2028 年左右先于国家碳减排承诺达峰，至 2035 年，碳排放总量较峰值下降 20% 以上。新能源汽车将逐渐成为主流产品，汽车产业基本实现电动化转型。未来很长一段时间内，燃油汽车仍将是市场主体，多元化的汽车技术和能源种类更为适合我国国情，在推进汽车电动化的同时，重视传统燃油汽车的转型，混合动力技术在汽车节能方面的重要性不可忽视。到 2035 年，我国传统燃油动力要全部实现混动化，同时插电式混合动力电动汽车节油水平将持续提升，应用领域也将逐步打开，从而促进汽车电动化转型的进一步深化。

发展新能源汽车能够有效缓解能源和环境压力，应以加速新能源汽车大规模替代燃油汽车为主要目标，增程式电动汽车在技术和产品方面兼具节能潜力大、成本适中、市场接受度高、能源环境友好等优势，有助于推动转型过程中技术升级成本的稳步降低，以及市场认知与普及的稳步提升，是汽车低碳化和电动化转型进程中路径之一。

增程式电动汽车是汽车行业低碳化发展的解决方案之一，能够更好地满足国内消费者多样化的使用需求。首先，增程式电动汽车的驾乘体验与纯电动汽车相近，驱动系统的电气化升级带来低速高转矩、动力响应迅捷、NVH 性能较好等优势。其次，增程式电动汽车的动力电池相比普通插电式混合动力汽车容量更大，纯电动续驶里程更长。

增程式电动汽车减碳贡献显著，相较于传统燃油汽车，增程式电动汽车在材料选型、生产工艺、供应路径方面有较大改善。同时，增程动力专用发动机在最高热效率等性能指标上，具有更大的提升潜力。

## （二）消除用户使用焦虑，缓解基础设施短期约束

### 1. 新能源基础设施不断完善，但私桩比例和质量仍有待提升

新能源汽车的广泛使用需要完善的能源供给配套体系建设。目前国内外已经搭建起能源供给体系，包括自充电模式和换电模式，其中自充电模式是很多国家研究的重点。

截至 2021 年年底，我国充电桩达到 261.7 万台，其中，公共和专用充电桩保有量达到 114.7 万台，月均新增公共类充电桩约 2.8 万台。私人充电桩保有量 147 万台，越来越多的电动汽车车主成功安装了私人充电桩。2016—2021 年我国充电桩数量如图 2-5-1 所示。

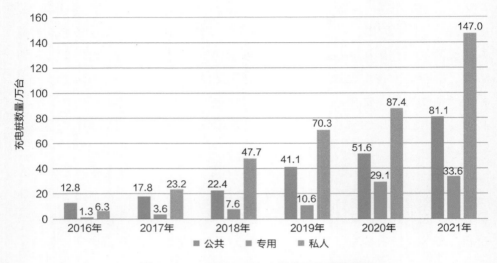

● 图 2-5-1　2016—2021 年我国充电桩数量

从运营企业看，截至 2021 年年底，全国充电运营企业所运营公共充电桩数量超过 1 万台的共有 13 家，这 13 家运营商运营的充电桩数量占充电桩总量的 92.9%，其余运营商占总量的 7.1%。其中排名前五的企业分别为星星充电（运营 25.7 万台）、特来电（运营 25.2 万台）、国家电网（运营 19.6 万台）、云快充（运营 14.5 万台）、南方电网（运营 4.1 万台）。

从区域分布看，北京、广东、上海、江苏、浙江公共充电桩数量位居前列，公共充电桩主要分布在东部和中部部分发达地区，排名前十的地区建设占比达 72.3%。

近年来，伴随新能源汽车的发展，充电桩等基础设施建设不断完善，但当前仍面临部分问题，这些问题主要有：

1）公共充电桩布局短板仍普遍存在。如高速公路服务区的充电站具有极强的潮汐性，节假日和周末的充电需求高，工作日却无人问津，导致充电桩的运营和维护成本极高，因此高速公路服务区充电桩整体数量并不多，而一旦遇到出行高峰，充电桩就会严重紧缺。

2）私人充电桩比例较低。对比欧美国家，我国更多的充电桩是公共充电桩，这是由于市区用户居住多为高层，安装私人充电桩较困难。

3）充电桩的充电质量有待提升。我国充电桩存在功率输出、位置、用户交互界面和支付系统的质量，以及利用率不高等问题。

4）充电基础设施建设方式有待规范管理。充电桩的布局、营运模式、类型等应适应新能源汽车细分市场的结构需求，需要加强行业管理，以更合理的充电桩数量、布局、类型来满足新能源汽车的充电需求，防止在高发展预期的吸引下，带来充电桩企业的无序扩建运营问题。

### 2. 增程式电动汽车能够脱离充电设备束缚

针对当前公共充电设施的布局短板以及消费者对纯电动汽车的续驶里程焦虑，增程式电动汽车能够缓解这一困局。增程式动力结构可油可电，不仅可以给消费者带来更多的能源补给选择，规避充电设施短板，还可以使消费者选择错峰充电，解决长途出行的里程焦虑问题。另外，增程式电动汽车可以给基础设施布局的升级提供足够的缓冲期，缓解了充电公共设施布局的短期痛点。

### （三） 发挥传统汽车技术优势，带动产业升级发展

增程式电动汽车动力系统和动力电池技术的进步推动了市场的发展，通过更佳的 NVH 性能、驾驶体验感和能耗率，产品性能得到了提升。增程式电动汽车生产、推广及研发得到国家政策的支持，如免征车辆购置税、一次性政府补贴、获得新能源汽车积分等，在政策引导以及产品性能的推动下，消费者对增程式电动汽车的接受度在提高。

从产品技术层面，无论是混合动力还是增程式动力结构，都符合我国汽车新能源化发展的路线布局，同时也给传统车企（包括上下游供应链）预留了充分的转型升级时间和空间。混合动力车型搭载混合动力发动机（DHE）/混合动力变速器（DHT），不仅能够满足节能减排需要，也能为传统汽车电气化转型带来新契机。

## 二、发展增程式电动汽车的政策环境分析

我国高度重视节能与新能源汽车产业发展，在顶层设计、标准法规、财税政策和推广应用等方面做了许多工作，加强了产业战略规划，明确了发展方向，有力支撑了产业发展。

### （一）投资准入

2018 年 12 月，国家发展和改革委员会发布《汽车产业投资管理规定》，自 2019 年 1 月 10 日起施行。《汽车产业投资管理规定》将汽车整车投资项目按照驱动动力系统分为燃油汽车和纯电动汽车投资项目，包括乘用车和商用车两个产品类别。其中，纯电动汽车投资项目是指以电机提供驱动动力的汽车投资项目，包括纯电动汽车（含增程式电动汽车）、燃料电池汽车等投资项目。

### （二）产业规划

2020 年 10 月，国务院办公厅印发《新能源汽车产业发展规划（2021—2035 年）》，继续确认以纯电动汽车、插电式混合动力（含增程式）汽车、燃料电池汽车为"三纵"（图 2-5-2）的整车技术发展路线。增程式电动乘用车在中长期内仍具有较大的发展空间。至 2035 年全面实现乘用车的电动化转

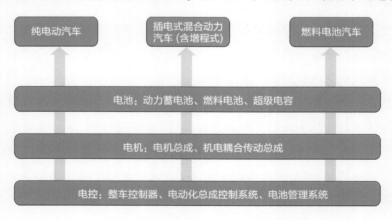

◎ 图 2-5-2　"三纵三横"研发布局

型，以增程式乘用车为代表的节能汽车也将占据一定的市场份额。商用车领域全面电动化的难度、经济收益及适应性远超乘用车，到 2035 年，增程式或将是实现商用车油耗目标最经济且最有效的技术路线之一。

### （三） 财税相关政策

汽车消费税属于价内税，在生产环节征收，税率由发动机气缸容量确定，如气缸容量在 1.0~1.5L（含 1.5L）的，税率为 3%。汽车消费税对新能源汽车的成本、价格、市场乃至全产业影响巨大。在目前的新能源汽车产品序列中，纯电动汽车不在应税范围内。插电式混合动力（含增程式）汽车需要按气缸容量纳税，虽同为新能源汽车，但其节能降耗的属性在消费税端未得到体现。插电式混合动力（含增程式）汽车的市场表现受到抑制，不利于形成新能源汽车成为消费主流、汽车消费市场结构性改变的新局面。

### （四） 部分地方政策

#### 1. 北京市

根据 2020 年 10 月发布的《北京市小客车数量调控暂行规定》，新能源小客车是指纯电驱动小客车。新能源小客车指标仅可用于购置纯电驱动小客车。而增程式电动汽车并不在"新能源小客车"范畴内，因此不能享受新能源指标，只能使用燃油汽车指标，通过摇号方式取得，牌照类型为绿色新能源"F"牌照。

#### 2. 上海市

2021 年 2 月，上海市发展和改革委员会等五部门制定《上海市鼓励购买和使用新能源汽车实施办法》，增程式电动汽车可使用新能源汽车指标，但若以新能源汽车指标上牌，需满足"已在本市落实一处符合智能化技术要求和安全标准的充电设施；个人用户名下没有非营业性客车额度证明，没有使用非营业性客车额度注册登记的机动车（不含摩托车）"等条件。对在上海已经拥有一辆燃油汽车的个人用户，再购买增程式电动汽车的，不再发放专用牌照额度。2023 年 1 月 1 日起，对消费者购买或受让增程式电动汽车的，不再发放专用牌照额度。

## 三、发展增程式电动汽车存在的问题与挑战

### （一） 政策支持不够明确

#### 1. 纯电驱动属性尚不突出

目前，国家发展和改革委员会、工业和信息化部等国家主管部门对增程式电动汽车的定位并不完全一致，增程式电动汽车未能单独定义，相关管理政策并未突出增程式电动汽车的纯电驱动属性。

#### 2. 支持政策差异化明显

增程式电动汽车在很多方面享受不到纯电驱动汽车的政策待遇。在消费税方面，增程式电动汽车仍然按照排量征收。在购置税方面，也有把增程式和纯电动汽车区别对待的趋势。在地方支持政策方面，部分地区增程式电动汽车享受不到新能源的差异化交通管理政策。在促消费补贴方面，将增程式路线排除在外。

如果政策支持进一步明确优化，那么增程式电动汽车在补贴退坡、动力电池技术瓶颈尚未突破、充电仍不便利、节能减排要求趋严的背景下能够发挥更大的作用和价值，实现燃油汽车替代和新能源汽车渗透率的快速提升。

### （二） 市场消费认知尚有偏差

一是增程式电动汽车作为新能源汽车的主要技术路线之一，消费者甚至行业企业对其缺乏正确认知，部分消费者不能区分增程式和普通混合动力汽车，甚至将其认为是燃油汽车。二是行业部分企业认为增程式电动汽车是燃油汽车向纯电动汽车过渡的车型，因此在研发成本及资金投入上更多地转向纯电动汽车。但是根据国际能源署预测，到2050年左右内燃机仍然有一定生命力，搭载内燃机的汽车占比仍会有65%左右，而这些搭载内燃机的汽车绝大部分会以增程式、插电式或普通混合动力汽车的形式存在。

### （三） 技术痛点亟须解决

#### 1. 全新平台开发方面

相比于纯电动汽车，增程式电动汽车最大的技术难题在于需要进行全新的平台开发，传统的燃油汽车平台无法合理兼容发动机、驱动电机、动力电池以及增程发电机的布局。过去国外在增程式电动汽车领域的探索中，真正符合增程式纯电驱动技术架构的车型少，技术积累不足。当前各国对于增程式电动汽车的重视程度均较高，增程式电动汽车能够通过"自发电"来解决续驶里程问题，上述难题一旦被攻克，也将成为颠覆性的技术手段。

#### 2. 整体动力稳定性方面

多数增程式系统都是当动力电池电量耗尽时才开始起动充电，但由于储备的电量不足，当电机用电量增加时无法提供足够的电能补充，发动机就必须提高转速来加大发电量，那么整体的动力稳定性也会受到影响。

#### 3. 热管理系统方面

增程式电动汽车热管理包含热平衡性能、热害性能、乘员舱热舒适性及行驶安全性，要负责动力电池、驱动电机以及增程模块的散热问题，涉及的部件较多，系统之间关联交互，如何在有限的布置空间里满足热管理性能，并且达到成本最低、能量利用率最高是技术难点。

#### 4. 动力系统方面

电控系统要兼顾整车能源策略、动力电池输出、发电机充电效率等，同时在复杂密集的动力系统布局中，保证安全性也是重要的条件。从技术架构到整车的难度系数高，当前增程式动力系统对专用发动机的热效率要求较高，物理集成、控制系统开发存在一定的难度，增程式动力系统专用发动机与增程发电机物理匹配、增程动力系统控制系统开发等方面无成熟的技术标准可以依托。

### （四） 增程系统方案供应商有待成熟

汽车制造业是非常依赖上下游零部件供应商的，而目前增程系统在业内还没有非常成熟的打包解决方案，这也进一步提高了增程技术模式的门槛，即便可以单独采购某一部分，最终的集成方案也需要由车企自己完成。

增程系统与纯电动和插电式混合动力系统不同，目前后两者在业内已经有了成熟的架构体系，从 P0 到 P4 架构，零部件供应商也会选择自己认可的架构进行打包方案的开发。供应商的缺少同样是因为技术难度过高。增程系统更多的难题在于软件以及系统的构建上，车型与车型不同，平台与平台不同，制作出一套能够兼容多个车企的解决方案是不现实的，在变化不定、节奏飞快的技术市场里，包括供应商在内，很少有人愿意迎头而上去挑战增程系统。

## 四、发展增程式电动汽车的建议

我国新能源汽车已经迈入政策与市场双驱动阶段，新能源汽车市场逐渐从政策主导转变为市场主导，建议从政府层面、行业层面和企业层面共同发力，推动增程式电动汽车的发展。

### （一）政府层面

#### 1. 发挥国家战略引导作用，进一步明确增程式电动汽车纯电驱动属性

《新能源汽车产业发展规划（2021—2035 年）》明确提出，要强化整车集成技术创新，以纯电动汽车、插电式混合动力（含增程式）汽车、燃料电池汽车为"三纵"，布局整车技术创新链。作为"三纵"技术路线之一的增程式电动汽车，是在纯电动汽车的基础上，为解决用户的里程焦虑、充电焦虑、动力电池成本和重量等瓶颈问题，配备了一套"充电宝"式增程发电系统的电动汽车产品。

增程式电动汽车基于纯电动汽车的动力电池和驱动电机开发，在保证具有纯电动汽车优势的同时，通过增程器发出的电解决使用和补能问题。增程式电动汽车优势突出：一是增程式电动汽车体验卓越；二是增程式电动汽车系统高效；三是增程式电动汽车纯电出行比例高。

国家发展和改革委员会《汽车产业投资管理规定》中明确认定增程式电动汽车属于纯电动汽车范畴，确定了其纯电驱动的属性；纯电动汽车投资项

目是指以电机提供驱动动力的汽车投资项目，包括纯电动汽车（含增程式电动汽车）、燃料电池汽车等投资项目。

加快完善增程式电动汽车发展的政策法规，加大对增程式电动汽车的支持力度，增强企业持续投入增程式电动汽车的信心，充分发挥市场在资源配置中的决定作用，基于科学系统的评估论证，消除市场误解，强化其纯电驱动的属性认知，在支持政策中推动增程式电动汽车享受与纯电动汽车同样的权益，扩大推广增程式电动汽车。

### 2. 建立全国统一绿牌政策，扩大增程式电动汽车推广应用

工业和信息化部《新能源汽车生产企业及产品准入管理规定》，明确插电式混合动力汽车（含增程式）与纯电动汽车均属于新能源汽车，并享受与纯电动汽车相同的优惠政策。许多地方的绿牌政策并不覆盖插电式混合动力（含增程式）电动汽车，导致插电式混合动力（含增程式）电动汽车或将逐渐边缘化。

明确新能源汽车绿牌定义，协调统一各地方政府出台的绿牌政策，确保插电式混合动力（含增程式）电动汽车享有纯电动汽车权益，支持增程式技术路线的发展，扩大推广增程式电动汽车，快速提高新能源汽车渗透率。

### 3. 延续增程式电动汽车购置税优惠政策

2014年，国务院决定对获得许可在我国境内销售（包括进口）的新能源汽车免征车辆购置税。免征车辆购置税的新能源汽车包括纯电动汽车、插电式混合动力电动汽车、增程式电动汽车和燃料电池电动汽车。

新能源汽车免征购置税对于新能源汽车产业的发展至关重要，从金额、兑付时效等方面对消费者的吸引作用是其他政策无法比拟的。免征购置税政策大大降低了消费者的购车成本，极大地促进了新能源汽车的消费。

免征购置税政策的延续有助于巩固新能源汽车的发展成果。免征购置税政策的延续将有效节省新能源汽车消费者的购车资金，有利于车企平衡单车利润和制造成本，以稳定其终端售价的合理性，保持消费者的购车热情。

2022年8月18日召开的国务院常务会议决定将2022年底到期的新能源汽车免征车辆购置税政策延续实施至2023年年底。但新能源汽车市场化培育和发展有一个积累的过程，受动力电池原材料价格上涨、供应链和产品成本

居高不下等影响，新能源汽车可持续发展面临严峻考验，建议新能源汽车购置税优惠政策至少延续到 2025 年。

### 4. 促进新能源汽车发展，适时启动汽车消费税改革

汽车税费体系需要与时俱进、科学发展，原有汽车税制已经不能适应经济增长方式。当前，我国汽车的主要税种，包括消费税、车船税等，均以汽车发动机排量分档征收。新能源汽车中，纯电动汽车不在应税范围内，但插电式混合动力（含增程式）汽车需要按气缸容量纳税，其节能降耗的新能源属性在消费税端未得到体现，插电式混合动力（含增程式）汽车作为中长期内替代燃油汽车的重要技术路线，迫切需要消费税的优惠支持。

（1）合理减税，促进和扩大新能源汽车消费

现行的汽车税制，仍停留在以价格和排量为主要指标、以控制购买为税负重点、以财政收入为征税主要目的的阶段。当前，我国汽车产业规模大但并不强，发展水平仍然有待提高，国际竞争力仍然偏弱。发展新能源汽车是实现汽车强国的必由之路。为此，需要大力发展新能源汽车，通过汽车税制改革来促进新能源汽车消费。

（2）启动新能源汽车税费改革研究，充分发挥消费税的作用

汽车消费税对新能源汽车的成本、价格、市场，乃至全产业链影响巨大。目前的消费税政策使插电式混合动力（含增程式）汽车的市场表现受到一定抑制，不利于新能源汽车的进一步推广。建议启动针对新能源汽车的消费税改革研究，将驱动形式、能耗水平、全生命周期碳排放等，作为新能源汽车消费税调整的考虑因素。同时，确定部分消费税由地方留存，有利于地方政府扭转重视投资轻视消费的传统做法，增强地方政府推进交通基础设施建设的意愿等。

### （二）行业层面

### 1. 以全生命周期碳减排为导向，推进汽车绿色发展

双碳目标对汽车产业新能源化提出了更高要求。《节能与新能源汽车技术路线图 2.0》提出了我国汽车产业面向 2035 年发展的六大目标，包括推动汽

车产业 2030 年前实现碳达峰，2035 年碳排放总量较峰值下降 20% 以上。

增程式电动汽车是新能源汽车的重要组成部分。要实现双碳目标，就需要打造消费者愿意买的低碳汽车，增程式电动汽车符合成本需求和环保需求。增程式路线将会成为推动汽车产业实现双碳目标的重要技术路径之一。

研究提出汽车行业 2030 年前碳达峰的路径方案，以全生命周期碳排放为切入点，对纯电动、增程式、插电式混合动力、油电混合动力、燃油等不同类型整车的全生命周期碳排放量进行测算，制定汽车行业提前碳达峰路线图，积极促进技术路径协调发展，引导技术的良性竞争和健康发展。

### 2. 发展增程式技术路线，助推新能源汽车多元化发展

全球汽车加速向新能源方向转型，并已形成以中国、欧洲为主的新能源汽车市场格局。我国新能源汽车进入加速发展新阶段，对全球汽车产业电动化转型的引领作用进一步增强。

新能源汽车技术路线的多元化是必然趋势，多元化的格局不仅能够促进技术的创新和进步，还能带给消费者更多的选择，为企业带来更广阔的生存空间。未来一段时间，增程式电动、纯电动、插电式混合动力等技术将长期并存。

充分认识到增程式电动汽车可油可电的优势，坚持新能源多元化技术路线，积极发展增程式电动汽车，使之成为汽车行业实现双碳目标的重要实践路径。

### 3. 推广增程式电动汽车，推动产业链不断发展

增程式电动汽车对动力电池的依赖程度相对较低，在上游原材料短缺的背景下，更能保障供应链的安全。增程式电动汽车相较纯电动汽车，对动力电池的需求量相对较低，在上游原材料短缺、供应链紧张情况不可能完全缓解的情况下，通过大力发展增程式电动汽车，在降低整车成本的同时，也有利于动力电池供应体系有序进化，支撑新能源汽车产业的平稳安全发展。

增程式电动汽车能够有效平衡新旧产业，在迅速提升新能源汽车渗透率的同时，也能推动传统产业转型升级、高质量发展。推广增程式电动汽车可以有效继承发动机产能，引导发动机产业转型升级。增程式电动汽车作为一条稳健的技术路线，在新能源发展进程中有一定调节空间，有助于推动当前

产业链安全、稳定与创新发展。

## （三） 企业层面

### 1. 强化增程式技术路线在企业中的战略定位

整车企业充分认识增程式电动汽车发展潜力，在企业战略上积极布局，转变思路，实施产品"多条腿走路"，积极开发增程式电动汽车产品，丰富消费者选择，满足消费者和市场需求，促进新能源汽车产业持续健康发展。

### 2. 加强增程式关键技术的研发力度

增程式电动汽车能效、排放水平等仍有提升空间，整体动力稳定性有待加强，且开发成本仍较高，增程式电动汽车的市场价格仍普遍较高。增程式电动汽车技术的核心部件，即增程器的开发决定了技术产业的发展前景，开发新型的、适合市场使用需求的增程器核心技术至关重要。

进一步加强增程式电动汽车产品技术创新，突破增程高效发动机、高效发电机及高集成控制等关键技术，向市场提供性能优越、油耗低、排放好的增程式电动汽车产品。

### 3. 打造增程式技术路线的国际影响力

当前，已有多家车企选择增程式路线并推出增程式电动汽车产品，增程式电动汽车产品竞争力逐渐显现，对新能源汽车潜在用户的吸引力也不断增强。伴随企业的积极布局和国内外消费者的逐步认可、产品品牌的不断向上、市场规模的不断扩大，增程式电动汽车有望成为有中国特色的新能源汽车技术的重要突破口之一，积极助力中国品牌汽车国际化发展。

# 参考文献

［1］ 吴德平. 行业综述－增程式电动汽车［EB/OL］.（2020－08－24）［2022－05－21］.
http：//www. gev. org. cn/news/4148. html.

［2］ 工业和信息化部装备工业发展中心，北京国能赢创能源信息技术有限公司，
《节能与新能源汽车年鉴》编制办公室. 2021 节能与新能源汽车年鉴［M］.
北京：中国铁道出版社有限公司，2021.

［3］ 熊雄. 浅谈增程式电动汽车的现状及未来发展［J］. 时代汽车，2020（01）：
51－52.

［4］ 中国汽车工程学会. 节能与新能源汽车技术路线图 2.0［M］. 北京：机械工
业出版社，2021.

［5］ 中国质量协会. 中国新能源汽车满意度水平与燃油汽车持平 纯电动汽车竞争优
势显现［EB/OL］.（2021－10－12）［2022－07－19］. http：//www. caq. org. cn/
html/zyfw/xwzx/17213. html.

［6］ 席利贺. 增程式电动汽车能量管理策略优化及增程器控制系统研究［D］. 北
京：北京交通大学，2018.

［7］ 郭朋彦，申方，王丽君，等. 氨燃料发动机研究现状及发展趋势［J］. 车用发
动机，2016（03）：1－5，13.

［8］ 肖海云，虞卫飞，胡俊勇. 增程器选型的分析研究［J］. 汽车实用技术，
2021，46（16）：123－125.

［9］ 王玉猛. SUV 增程式电动汽车动力系统参数匹配与性能仿真［D］. 长春：吉
林大学，2021.

［10］ 李永亮，黄英，王绪，等. 增程式电动汽车动力系统参数匹配及控制策略
优化［J］. 汽车工程学报，2021，11（03）：177－190.

［11］ 闵海涛，罗祥. 一种增程式电动汽车动力总成参数匹配方法：
202110202405.3［P］. 2021－05－28.

［12］ 王冰. 增程式电动汽车动力系统参数匹配［D］. 大连：大连理工大学，2014.

［13］ KING J，HEANEY M，SAWARD J，et al. HyBoost：an intelligently electrified
optimised downsized gasoline engine concept［J］. Springer Berlin Heidelberg，
2013（191）：189－201.

［14］李娜. 基于某两款发动机研究双涡管技术对于发动机性能的影响［J］. 汽车实用技术, 2020（5）: 122－125.

［15］NIBUHIRO F. New ferritic stainless steels in automotive exhaust system for clean environment［J］. Nippon Steel Technical Report, 2000, 81（1）: 29－33.

［16］王欲进. 汽车代用燃料研究及发展趋势［J］. 矿山机械, 2007（08）: 18－21, 4.

［17］申章庆, 杨青. 车用发动机代用燃料的研究现状及发展趋势［J］. 柴油机, 2006（02）: 43－48.

［18］孙永剑. 李书福代表: 推广甲醇汽车助力交通碳中和［N］. 中华工商时报, 2022－03－05（003）.

［19］胡宗泰, 王英阁, 李继香. 生物柴油研究现状和发展趋势［J］. 粮食与油脂, 2006, 10（8）: 11－14.

［20］田仲富, 王述洋. 生物燃油燃烧机的设计及实验研究［J］. 重庆理工大学学报（自然科学）, 2016, 30（04）: 53－59.

［21］刘天龙, 张绍群, 王述洋, 等. 基于传统燃烧机的生物燃油燃烧机优化与改进［J］. 森林工程, 2014, 30（02）: 116－119.

［22］郭朋彦, 聂鑫鑫, 张瑞珠, 等. 氨燃料电池的研究现状及发展趋势［J］. 电源技术, 2019, 43（7）: 1233－1236.

［23］刘应都, 郭红霞, 欧阳晓平. 氢燃料电池技术发展现状及未来展望［J］. 中国工程科学, 2021, 23（04）: 162－171.

［24］祝勇, 黄翔, 陈昊, 等. 氢内燃机发展状况及展望［J］. 当代化工研究, 2021（24）: 5－7.

［25］赵斐, 张宏杰. 氢动力内燃机应用前景分析［J］. 中国资源综合利用, 2020, 38（6）: 72－74.

［26］中汽数据有限公司. 低碳行动研究报告2021［Z］. 2021.

［27］许海波. 增程式电动汽车全生命周期评价研究［D］. 西安: 长安大学, 2021.

［28］张磊. 基于Ga Bi4的电动汽车生命周期评价研究［D］. 合肥: 合肥工业大学, 2011.

［29］卢强. 电动汽车动力电池全生命周期分析与评价［D］. 长春: 吉林大学, 2014.

［30］BURNHAM A, WANG M, WU Y. Development and applications of GREET 2.7－

the transportation vehicle – cycle Model ［Z］. 2006.

［31］刘凯辉. 比亚迪 E6 纯电动汽车全生命周期评价 ［D］. 福州：福建农林大学，2016.

［32］李书华. 电动汽车全生命周期分析及环境效益评价 ［D］. 长春：吉林大学，2014.

［33］李娟. 纯电动汽车与燃油汽车动力系统生命周期评价与分析 ［D］. 长沙：湖南大学，2015.

［34］马金秋. 匹配不同动力电池的纯电动汽车全生命周期评价研究 ［D］. 西安：长安大学，2019.

［35］杨素华. 保证汽车覆盖件具有优良拉深工艺的方法 ［J］. 模具技术，2014（02）：44 – 48.

［36］王琢璞. 新能源汽车动力电池回收利用潜力及生命周期评价 ［D］. 北京：清华大学，2018.

［37］住房和城乡建设部城市交通基础设施监测与治理实验室. 2020 年度全国主要城市通勤检测报告 ［Z］. 2020.

［38］王小璇. 我国新能源汽车保有量影响因素分析及预测方法研究 ［D］. 北京：华北电力大学，2021.

［39］胡玉财，陆张浩，魏家静. 新能源汽车产业规划 （2021—2035） 解读 ［J］. 内燃机与配件，2022 （06）：167 – 169.

［40］焦燕青. 新能源汽车扩散驱动因素及市场保有量预测研究 ［J］. 汽车实用技术，2020，45 （17）：33 – 37.

［41］马钧，郭冬立，杨帆. 中国汽车市场中的 "R 值规律" 及应用分析 ［J］. 武汉理工大学学报 （交通科学与工程版），2010，34 （05）：1072 – 1076.

［42］中国汽车流通协会. 2021 中国汽车市场统计年鉴 ［M］. 北京：中国商业出版社，2021.

［43］周博雅. 电动汽车生命周期的能源消耗、碳排放和成本收益研究 ［D］. 北京：清华大学，2016.